Zeichen der Stadt: Berlin ‚lesen'

Ernest W.B. Hess-Lüttich

Zeichen der Stadt: Berlin ‚lesen'

PETER LANG

Bibliografische Information der Deutschen Nationalbibliothek
Die Deutsche Nationalbibliothek verzeichnet diese Publikation in der Deutschen Nationalbibliografie; detaillierte bibliografische Daten sind im Internet über http://dnb.d-nb.de abrufbar.

ISBN 978-3-631-67916-6 (Print)
E-ISBN 978-3-653-07128-3 (E-PDF)
E-ISBN 978-3-631-70346-5 (EPUB)
E-ISBN 978-3-631-70347-2 (MOBI)
DOI 10.3726/978-3-653-07128-3

Peter Lang – Berlin · Bern · Bruxelles · New York · Oxford · Warszawa · Wien

Diese Publikation wurde begutachtet.

www.peterlang.com

Zusammenfassung

Urban Semiotics ist ein relativ junges Forschungsgebiet, in dem Fragestellungen der Diskurs- und der Urbanitätsforschung zusammengeführt werden. Dabei profitiert ihre Untersuchung methodisch von einer Reihe aktueller und traditioneller Forschungsrichtungen wie Raumwissenschaften, Stadtökologie, Stadtsoziologie, Stadtsprachenforschung u.a., die einen interdisziplinären Zugang eröffnen zur ‚Lektüre' der ‚Zeichen der Stadt'. Anhand von sieben in der deutschen Hauptstadt kontrovers geführten Debatten wird dieser Ansatz veranschaulicht: über die Zukunft des Tempelhofer Feldes, die Gentrifizierung von Teilen des Arbeiterbezirks und späteren Künstlerquartiers Prenzlauer Berg, die Gestalt von Moscheen zunehmende Sichtbarkeit muslimischer Minoritäten, die ‚Stolpersteine' als Zeichen urbaner Memorialkultur, während der Antisemitismus gleichzeitig zunimmt, die Bedrohung der homosexuellen Community in Schöneberg durch homophobe Migranten, den Wiederaufbau des Berliner Stadtschlosses und die Zukunft des von ihm beherbergten Humboldt-Forums, die Spannung zwischen dem restaurierten Stadtkern um die Nicolaikirche und der Planungen für die moderne Umgestaltung des benachbarten Verkehrsknotenpunktes Alexanderplatz.

Abstract

Urban Semiotics is a relatively young field of research that brings together issues of discourse and urbanity research. Methodically, it benefits from a number of current and traditional fields of research such as spatial science, urban ecology and sociology, urban language research etc., which open up an interdisciplinary approach to ‚reading' the ‚signs of the city'. This approach is illustrated by seven controversial debates in the German capital: on the future of the former Tempelhof airport; the gentrification of parts of the former district of workers and artists Prenzlauer Berg; the increasing visibility of Muslim minorities in the form of mosques; the ‚stumbling stones' as signs of urban memorial culture, while anti-Semitism is increasing; the threat posed to the homosexual community in Schöneberg by homophobic migrants; the reconstruction of the Berlin City Palace and the future of the Humboldt Forum it houses; the tension between the restored city centre around the Nicolai Church and the plans for the modern redesign of the neighbouring Alexanderplatz.

Inhalt

Vorwort

Der hier vorgelegte Essay soll den Leser, die Leserin, dafür sensibilisieren, die ‚Zeichen der Stadt' wahrzunehmen, sie zu ‚lesen'. Am Beispiel ausgewählter Quartiere in Berlin möchte er Antworten suchen auf die Frage: Was sind urbane Diskurse? Diese Frage nach dem ‚Wie' urbaner Kommunikation zielt auf deren (sozio)kulturelle Verfasstheit im Schnittfeld von Diskursforschung und Semiotik, Stadtökologie und Stadtsoziologie. Welche Ansätze können in einem interdisziplinären Forschungsdesign zur Anwendung kommen, um die Diskursbedingungen urbanen Wandels zu verbessern? Die einleitend vorgestellten Ansätze semiotischer, urbanologischer, ökologischer, linguistischer Provenienz mögen einen inter- und multidisziplinären Zugang für die ‚Lektüre' urbaner Räume als ‚Texte' bieten.

In sieben Skizzen werden solche ‚Lektüren' angeboten, zu denen mich kontroverse Debatten der letzten Jahre motivierten: die Debatte über die Berliner Flughäfen und die Frage, was aus dem ‚Tempelhofer Feld' werden soll; die Debatte über die Gentrifizierung traditioneller Quartiere (wie Prenzlauer Berg) und die Frage, aus welchen Indizien sich ihr Wandel ablesen lässt; die Debatte über unser Verhältnis zu den muslimischen Nachbarn und die Frage, welchen Einfluss sie auf den Wandel bestimmter Bezirke nehmen, indem sie etwa ihrem Glauben durch Moscheen baulich Ausdruck verleihen, über deren Zahl und Standort wiederum diskutiert wird; die Debatte über die angemessene Form der Aufarbeitung unserer politischen Vergangenheit zum Zwecke der mahnenden Erinnerung und die Frage, ob (und wenn ja, wie) Stolpersteine dem wachsenden Antisemitismus entgegenwirken können; die Debatte über die Sichtbarkeit homosexueller

Minderheiten im öffentlichen Raum und die Frage, ob und inwieweit ein Traditionsviertel wie der Schöneberger ‚Regenbogenkiez' als solcher erhalten und gegen die zunehmende Gefährdung durch religiös inspirierte Homophobie und damit legitimierte Kriminalität geschützt werden soll; die Debatte über die ‚leere Mitte' im Stadtzentrum und die Frage, wie die Lücke, die durch den Abriss des Palastes der Republik entstand, architektonisch am besten gefüllt werden könne, ob der Wiederaufbau des Schlosses der Hohenzollern dafür der zeitgemäße Ausdruck sei, und wie es nach dessen Fertigstellung kulturell angemessen ‚bespielt' werden könne; die Debatte über die umstrittene Musealisierung des historischen Stadtkerns oder die urbane Zukunftsfähigkeit einer stadtplanerischen Ödnis auf dem angrenzenden Areal des Alexanderplatzes und die Frage, wie Ansprüchen des Tourismus (das Nicolaiviertel als Disneyland?), des Gewerbes, der Immobilienwirtschaft und des bezahlbaren Wohnraums für breitere Bevölkerungsgruppen zugleich Rechnung getragen werden kann. – Anlässe genug, genauer hinzuschauen und auf die Details zu achten, um im Glücksfalle den Streit ins diskursiv Produktive münden zu sehen.

Berlin / Kapstadt, im Herbst 2020

Ernest W.B. Hess-Lüttich

1 Berlin als ‚Text': Ein interdisziplinärer Zugang

1.1 Motivation

Wer sehenden Auges durch eine Stadt flaniert, nimmt pausenlos eine Fülle von Informationen auf und interpretiert sie meist automatisch zur Orientierung im Raum und dessen soziokulturellen Prägung. Ursprünglich angeregt einerseits durch der ‚Neuen urbanen Qualität' gewidmete Forschungsprojekte, die vom Schweizerischen Nationalfonds gefördert wurden und deren Ergebnisse und Empfehlungen in zwei Büchern zusammengefasst wurden (Sulzer et al. eds. 2015; Wehrli-Schindler et al. eds. 2015), die anhand konkreter Beispiele neue Wege zur nachhaltigen Entwicklung urbaner Räume aufzuzeigen suchen, andererseits unter dem Eindruck der Berichterstattung zu seit geraumer Zeit anhaltenden Kontroversen über große Bauvorhaben in Berlin (wie die Debatten über den künftigen Willy-Brandt-Flughafen BER und seine Vorgänger, den Umgang mit der Gentrifizierung traditioneller Quartiere wie Neukölln oder Prenzlauer Berg, den Streit über angemessenes Gedenken in Formen urbaner Memorialkultur, den langen Weg zum Wiederaufbau des Stadtschlosses und seine künftigen Funktionen, die heftigen Diskussionen um neue Moscheen, die Bedrohung historisch gewachsener Subkulturen durch multikulturelle Herausforderungen, oder den Konflikt zwischen dem Bedürfnis der Bewahrung historischer Stadtkernstrukturen und ökonomisch begründeten Nutzungsdesideraten, Planungs- und Entwicklungshorizonten, um nur einige aktuelle Beispiele zu nennen) möchte ich in diesem Band den Ursachen für den Befund misslingender öffentlicher Kommunikation über solche Projekte sowie der Frage nach den diskursiven Bedingungen der Möglichkeit einer partizipativen Stadtentwicklung nachgehen. Dazu gilt es verschiedene einschlägige Forschungsstränge zusammenzuführen mit dem Ziel, daraus so etwas wie einen Wegweiser durch eine transdisziplinär höchst disparate Forschungslandschaft zu entwickeln, damit die vielbeschworene ‚neue urbane Qualität' im Einklang mit den davon betroffenen Bürgern erreicht werden kann und nicht im Dickicht widerstreitender Interessen aller beteiligten Akteure erstickt wird.

Ausgangspunkt ist dabei die These, dass die alltägliche Lebensqualität in der Stadt in Zukunft nicht nur von architektonisch und ökonomisch interessanten Bebauungskonzepten und Profit generierenden Umbauplänen bestimmt sein wird, sondern wesentlich von einer ökologisch *und* kulturell integrierten Stadtentwicklung, die einerseits das kulturelle Erbe (z.B. die städtebauliche Denkmalpflege) und den Umgang mit Altbaubeständen berücksichtigt, aber andererseits auch die betroffenen Akteure mit dem Ziel gesellschaftlicher Akzeptanz von notwendigen Neuerungsprozessen diskursiv beteiligt. Moderne Konzepte urbaner Planung, die zugleich energietechnisch nachhaltig sind und energiepolitisch anspruchsvollen Vorgaben folgen, ohne historisch gewachsene bauliche Strukturen und soziale Milieus zu zerstören, tragen dem insofern Rechnung als sie das methodische Bewusstsein aller beteiligten Akteure für die Komplexität der dabei involvierten kommunikativen Prozesse zu wecken suchen, um ökologische Stadtentwicklung mit der Dynamik ‚neuer urbaner Qualität' verbinden zu können. Dies stellt auch den Diskursforscher vor die Herausforderung, die kommunikative Infrastruktur im öffentlichen Diskurs über urbanen Wandel in allen seinen Dimensionen zu untersuchen.

Deshalb will ich den interdisziplinär ehrgeizigen Versuch unternehmen, programmatisch verschiedene Fachtraditionen und Forschungsstränge miteinander ‚ins Gespräch' zu bringen, die in jüngerer Zeit Aufmerksamkeit heischen, meist ohne jedoch voneinander genauere Notiz zu nehmen, geschweige ein methodisch integriertes Instrumentarium zu entwickeln, das einem so komplexen Prozess wie der zugleich ökologisch nachhaltigen und sozial (möglichst) konfliktfreien Stadtplanung gerecht zu werden verspricht. Zu den hier einschlägigen Diskursfeldern gehören neben (und vor) den eher technischen Disziplinen der Bauingenieurwissenschaften, der Geotechnik, der Energiewirtschaft, der Stadtplanung und -verwaltung usw. nach dem sog. *spatial turn* (cf. Günzel 2020) z.B. die Raumwissenschaften, die Ökosemiotik, die Stadtsprachenforschung der Linguistik und die Milieuforschung der Stadtsoziologie. Bevor wir also konkrete Beispiele städtischer Transformationsprozesse in den Blick nehmen, müssen wir – nach dem geflügelten Wort des großen britischen Sprachwissenschaftlers Michael Halliday („before starting social semiotic research, there is so much background to be filled in") – in einem solchen *inter*disziplinären Gespräch die *inner*disziplinären Positionen kurz vorstellen, um die Leser und Leserinnen für den notwendigen Polyperspektivismus einer solchen Diskursanalyse hinreichend zu sensibilisieren.[1] Ich beschränke

---

1 Nach dem altrömischem Rechtsgrundsatz „Pronuntiatur sermonis in sexu masculino ad utrumque sexum plerumque porrigatur" (Corpus Iuris Civilis Dig. 50, 16, 195) und im Einklang mit der geltenden höchstrichterlichen Rechtsprechung (s. BVG-Personenstandsurteil 1 BvR 2019/16 v. 10.10.2017 gem. Art. 2 Abs. 1 i.V.m. Art. 1 Abs. 1 GG und BGH-Personenbezeichnungsurteil VI ZR 143/17 v. 13.03.2018),

mich für die primär methodisch interessierten und diskursanalytisch motivierten Zwecke dieses Büchleins zunächst exemplarisch auf die drei Bereiche der *Raumwissenschaften*, der *Ökosemiotik*, der *Stadtsprachenforschung*, bevor ich ein Programm zur Analyse urbaner Diskurse am Beispiel energetischer Stadtumbauprozesse entwerfe und danach in sieben Kapiteln exemplarisch den Blick auf einige der oben genannten Berliner Debatten und aktuellen Kontroversen in Berlin richte (man könnte auch die lokalpolitischen Konflikte um die Stadtautobahn, die Immobilienspekulation in traditionellen Arbeiter- und Studentenvierteln wie Neukölln oder Kreuzberg, die Flüchtlingsunterkünfte und deren Standorte, die Frage nach der Zukunft des Internationalen Kongress-Zentrums ICC u.v.a. thematisieren, aber das Format dieser Reihe begrenzt den Umfang kompromisslos).

1.2 Raumwissenschaften

Nach diversen *linguistic turns*, *pragmatic turns*, *iconic* oder *visual* oder *pictorial turns*, *performative turns*, *cultural turns*, *postmodern turns*, *postcolonial turns*, *medial turns* etc. (cf. Münker 2009: 18 f.; cf. Bachmann-Medick 2007) wurde bekanntlich der *spatial turn* ausgerufen, von dem sich seither etliche Disziplinen Befruchtung erhoffen. Einen nützlichen Überblick bietet der zuerst 2009 von Stephan Günzel bei Suhrkamp herausgebrachte Band über *Raumwissenschaften*, der die Bedeutung des Raumbegriffs in den verschiedensten Fächern auslotet, alphabetisch

---

aber auch in vager Erinnerung an dereinst allgemeinverbindliche Regeln der deutschen Grammatik und stilistischen Form, möge die generisch gebrauchte maskuline Form in diesem Band fortan Personen *jedweden* Geschlechts bezeichnen.

geordnet von der Ästhetik und Architektur über Ethnologie und Mathematik bis zur Soziologie und Theologie. In der Einleitung skizziert der Herausgeber knapp die Vorgeschichte der (lange ausschließlich euklidischen) Raumwissenschaft seit Kant und erinnert zu Recht an die psychologischen und physiologischen „Ansätze zur empirischen Rückbettung des Apriorischen" (Günzel ed. 2009: 7), etwa eine vergessene Arbeit von Friedrich Carl Fresenius über *Die psychologischen Grundlagen der Raumwissenschaft* aus dem Jahre 1868 oder den 1870 von Hermann von Helmholtz gehaltenen Vortrag *Ueber den Ursprung und die Bedeutung geometrischer Axiome*. Dies nur zur Absicherung gegen den stets wohlfeilen Vorwurf des bloß Modischen.

Auch in meinem eigenen (in dem genannten Band leider nicht vertretenen) Fach Germanistik hat das ‚Raum-Paradigma' seine Wirkung bekanntlich nicht verfehlt. Die dort so gern gebrauchte Metapher vom ‚Text als Raum' wirft in der Tat texttheoretische Fragen auf, die vor allem in narratologischem Zusammenhang schon seit längerem erörtert werden und die Auswirkungen auf weitere textwissenschaftliche Ansätze zeitigen. Begriffe wie ‚Textraum', ‚literarische Kartierung', ‚Mapping', ‚literarische Topographie', ‚Heterotopien der Literatur' etc. werden freilich nicht selten als begriffliche Konzepte aus anderen Disziplinen adoptiert, die z.T. in ganz anderen terminologischen Netzwerken operieren. Dabei haben sich schon allerlei Neben- und Unterströmungen herausgebildet, die z.B. besonders auf die technischen und kulturellen Repräsentationsweisen von Räumlichkeit abheben (*topographical turn*) und nicht zu verwechseln seien mit jenen Bemühungen, die sich auf die Beschreibung literarischer Räume und räumlicher Strukturen in ästhetischen Produkten richten (*topological turn*).

Für solche Versuche werden wie immer in den historisch informierten Textwissenschaften etliche Vorläufer namhaft gemacht (von Lessing über Karlfried v. Dürckheim bis zu Ernst Cassirer und Otto F. Bollnow). Gegenüber solchen (außer bei Lessing) meist eher subjektzentriert-phänomenologischen Ansätzen fasst der im Westen lange ignorierte Begründer der Tartuer Schule des Strukturalismus, der Kultursemiotiker Jurij M. Lotman, den symbolischen Raum der Literatur bereits als Resultat kulturell bestimmter Zeichenverwendungen auf: indem er ein analoges Verhältnis narrativer Texte als ‚abstrakter Wirklichkeitsmodelle‘ zum jeweiligen ‚Weltbild‘ einer bestimmten Kultur sieht, überträgt er sein semantisches Raummodell in einen pragmatischen, eben ‚kulturhistorisch-lebensweltlichen‘ Kontext (cf. Lotman 1974).

In der Sprachwissenschaft hat Winfried Nöth bereits früh den *Text als Raum* semiotisch zu konzipieren vorgeschlagen (cf. Nöth 1994; Hess-Lüttich 1998). Er spürte den Text-Raum vor allem im Metapherngebrauch auf und fand eine Fülle von Beispielen für die von ihm so genannte Geometrie und Topographie des textuellen Raumes. Seine Befunde dienen ihm als Beleg der Hypothese vom kognitiven Ursprung solcher sprachlichen Ausdrücke der *Orientierung im Raum* (Schmauks 2002). Tatsächlich hat die kognitive Semantik die bemerkenswerte Häufung räumlicher Metaphorik im Sprachgebrauch des Alltags auf die biologische Bedeutung der Orientierung des Menschen in seiner unmittelbaren Umwelt im Prozess des Spracherwerbs zurückgeführt (Lakoff 1987: 269–292). In ihrem Buch über *Raum, Raumsprache und Sprachräume* hat die Nöth-Schülerin Karin Wenz (1997) den Ansatz weiterverfolgt und ist der Frage nachgegangen, welche semiotischen Beziehungen zwischen

Raumkognition und textueller Raumrepräsentation bestehen (cf. id. 2009).

Aus methodisch-begriffssystematischem Interesse habe ich vor einigen Jahren an anderer Stelle die heute in so vielen Disziplinen verbreitete Raummetaphorik über die Disziplingrenzen hinaus zu ihren Ursprüngen in den raumbezogenen Geowissenschaften zurückverfolgt und in kritischer Absicht die Veränderungen des Raumbegriffs von der traditionellen Geographie bis zur aktuelleren Kulturgeographie summarisch nachgezeichnet (Hess-Lüttich 2011). Auch die Verräumlichung *sozialer* Sachverhalte (und deren Visualisierung) und die Übertragung dieses Ansatzes auf andere Wissensbereiche geriet dabei in den Blick. Im Versuch einer Synthese sollten mögliche Berührungspunkte zwischen literarischen (bzw. literatur- und texttheoretischen) und kulturgeographischen Raumkonzepten sondiert und die Prämissen für ein zeitgenössisches Verständnis von ‚Raum' im Zeichen der Spannungsbalance von ortlosen medialen Netzen und lokaler Identitätsbehauptung profiliert werden, um schließlich literarische Texte als Medien kulturspezifischer Codierungen und als Symbolisierung von ‚Raum' zu exponieren.

Denn das Erkenntnis-Potential einer Kooperation zwischen kulturgeographischen und literarischen Topographien scheint bislang ebenso wenig ausgeschöpft wie das einer semiotischen Integration topologischer Relationen in (literarischen) Texten als modellbildenden Systemen (im Sinne Jurij Lotmans), die als abstrakte (ästhetische) Wirklichkeitsmodelle auf das Weltbild einer jeweiligen (hier: urbanen) Kultur verweisen. Konsequenter verfolgt der *topologische* Ansatz in der Tradition der Tartuer Schule das Programm, gleichsam ‚oberhalb' traditioneller Disziplingrenzen geowissenschaftliche Kartierung und literarische Fiktion als Wirklichkeitsmodelle jeweiliger Kulturen mit den in ihnen geltenden signifikativen *Relationen* zu interpretieren. Im Zeichen der zunehmenden Komplexität einer multidimensional vernetzten Welt gewinnen die Lotmanschen Impulse unverhofft eine neue Aktualität für den Dialog zwischen Natur- und Kulturwissenschaft, zwischen Sprach- und Literaturwissenschaft, Medien- und Kommunikationswissenschaft, insofern z.B. literarische Texte als Medien kulturspezifischer Selbstauslegung gelesen werden können und als Zeugnisse veränderter (und veränderlicher) Raumwahrnehmungen, etwa beim Verständnis der Rolle von *Metropolen* in Literatur und Film (Hess-Lüttich et al. eds. 2010).

1.3 Ökosemiotik

In Zeiten des Klimawandels und der ‚Energiewende', zu der sich die Regierung in Deutschland unter dem Eindruck der Reaktorkatastrophe in Fukushima (2011) schließlich durchgerungen hat, bei einer zugleich sich zunehmend nachdrücklich artikulierenden Kritik lokaler Interessengruppen an den Konsequenzen bei den Kosten erneuerbarer Energien (Sonne, Wind, Wasser, Biomasse) und für den energetischen Stadtumbau, ist ökologische Konfliktkommunikation eine Notwendigkeit für die beteiligten Gruppen und Disziplinen, denn misslingende Kommunikation zwischen den Beteiligten kann die ökologisch notwenigen Maßnahmen gravierend behindern oder gar verhindern. Was in meinem Band über *Eco-Semiotics* (Hess-Lüttich ed. 2006) auf die *Umweltkommunikation* in interkulturell-institutioneller Hinsicht (Medien) und auf die *Entwicklungskommunikation* in interkulturell-interpersoneller Hinsicht (Dialog) bezogen wurde, kann nun für die Stadtplanung fruchtbar gemacht werden.

Hier wie dort geht es um die sorgfältige Diskursanalyse interfachlich und inter(sub)kulturell hochspezifischer kommunikativer Konstellationen mit dem Ziel der Veränderung und möglichst Verbesserung ihrer diskursiven Praxis. In der Gruppenkommunikation solch heterogener Konstellationen ist die Gefahr von Missverständnissen erheblich, da Interessengegensätze, (Fach-)Sprachunterschiede und (Sub-) Kulturkontraste, regionale Divergenzen im Gebrauch von Sprache, Zeichen und Ritualen die Verständigung erschweren. Transdisziplinäre und transkulturelle Verständigungsfähigkeit ist hier in besonderer Weise gefordert, zu deren theoretischen Reflexion, empirischen Beobachtung und fruchtbaren Anwendung oder Vermittlung die Diskursforschung mit ihren zahlreichen interdisziplinären Anschlussstellen durchaus beizutragen vermag.

In Analogie zu den längst etablierten Zweigen der Soziolinguistik, der Psycholinguistik, der Patholinguistik, der Ethnolinguistik usw. hat sich nun in den vergangenen Dekaden die *Ökolinguistik* mit eigenem Profil zu etablieren versucht. Wie immer in solchen Fällen schlug ihr zunächst das geballte Misstrauen derer entgegen, die auf dem Boden des Bewährten nur wieder ein modisches Schlagwort witterten. Deshalb habe ich in meiner Einführung zu dem besagten Band über *Eco-Semiotics* sicherheitshalber noch einmal an die lange Tradition erinnert, in der der amerikanische Skandinavist norwegischer Abstammung Einar Haugen vor über vierzig Jahren den Begriff der Ökologie – der Jenaer Biologe Ernst Haeckel hatte bekanntlich 1866 „Oecologie" als „Wissenschaft von den Beziehungen des Organismus zur umgebenden Außenwelt" definiert – erstmals auf die Sprache bezog und Sprachökologie als „the study of interactions between any given language and its environment" (Haugen 1972: 325) systematisch zu untersuchen vorschlug.

Bis heute jedoch wird die Fachbezeichnung *Ökolinguistik*, die sich daraus entwickelte, nicht eindeutig gebraucht. Unter dem griffigen Titel wird durchaus Unterschiedliches subsumiert, wie etwa Alwin Fill in seinen zahlreichen Arbeiten zum Thema herausgearbeitet hat (Fill 1998; cf. Hess-Lüttich 2006: 12). Auf die mittlerweile zahlreichen Verzweigungen der Ökolinguistik will ich hier nicht noch einmal eingehen, sondern knüpfe an jene Ansätze an, die zunächst aus außersprachlich-ökologischen Interessen erwuchsen und sich den Auswirkungen des Sprachgebrauchs auf das ökologische Gleichgewicht der Natur widmen, um etwa den Zusammenhang zwischen sprachlicher und ökologischer Biodiversität präziser zu profilieren.

Diese Ansätze gilt es jedoch zu einer methodisch anspruchsvoll instrumentierten *Ökosemiotik* zu erweitern und auszubauen, in deren Rahmen die transdisziplinäre Erforschung der zeichenhaften Wechselbeziehungen zwischen Organismen und deren Umwelt ihren systematischen Ort fände (cf. auch Trampe 2000). Die Geschichte dieses Erkenntnisinteresses, das sei wiederum den Skeptikern gegenüber ‚neumodischer‘ Terminologiebildung versichert, reicht natürlich weit hinter Charles Sanders Peirce zurück (cf. Nöth 1996): es hat seinen Ursprung vielleicht schon in der hippokratischen Medizin (Böhme 1996), mindestens aber in der mittelalterlichen Scholastik (Thomas von Aquin), setzt sich fort in der Signaturenlehre der Renaissance (Paracelsus) und wirkt fort über Peirce hinaus etwa in den ökosemiotischen Modellen der „Umweltlehre“ Jakob von Uexkülls (Thure v. Uexküll 1998) oder in den Funktionskreisen der „Semiotischen Ökologie“ des Berner Psychologen Alfred Lang (1998). Von dort nun ließe sich eine Brücke zurück zu soziologischen und systemtheoretischen Modellierungen von *Ökologischer Kommunikation* schlagen, wie sie

Niklas Luhmann ([5]2008) mit seiner Ausdifferenzierung von Funktionssystemen vorgestellt hat, ein Ansatz, der Wilhelm Trampe (1990) seinerzeit zu seiner Forderung nach einer ‚Ökologischen Linguistik' inspiriert hat. Erst von einem solchen Fundament aus lassen sich nun die eingangs gestellten Fragen nach den kommunikativen Bedingungen der Implementierung von umstrittenen Projekten der (z.B. energetischen) Stadterneuerung (*urban renewal*) als ökosemiotische stellen und das grenzüberschreitende Gespräch zwischen den beteiligten Experten und Interessengruppen diskursanalytisch untersuchen.

1.4 Stadtsprachenforschung

Die Stadt als Kommunikationsraum und damit linguistisches Objekt im engeren Sinne wurde (nach einigen dialektologisch motivierten Vorläufern) in den 1970er Jahren (wieder-)entdeckt (cf. die Übersicht in Dittmar & Schlieben-Lange 1982). Mit der Entwicklung der Soziolinguistik wuchs das Interesse am Varietätenspektrum des Sprachgebrauchs in zunächst areal definierten, dann auch sozial differenzierten Räumen. Es richtete sich anfangs vor allem auf die dialektalen Varietäten im ländlichen Raum, in dem die Dialektologie deren reinste Ausprägungen suchte. Aber schon bald kam auch der urbane Raum mit seinem ungleich größeren Varietätenreichtum in den Blick. Dessen Komplexität wiederum erforderte ein ganz anderes Methodenarsenal als es die traditionelle Dialektologie selbst in ihren avancierteren Ansätzen zu bieten vermochte. Nach methodisch richtungsweisenden Impulsarbeiten von Joshua Fishman, William Labov oder Lesley Milroy gewann die Stadtsprachenforschung im Schnittfeld von Soziolinguistik und Ethnographie der Kommunikation, von Sprachkontakt- und

Mehrsprachigkeitsforschung, von Sprachwandel- und Jugendsprachforschung zunehmend als eigenes Untersuchungsfeld Profil.

Allerdings lag der Schwerpunkt bei den frühen Arbeiten eher bei phonologischen Variablenkorrelationen (Labov) oder varietätengrammatischen Modellen (Dittmar). Diese Perspektive schien mir methodisch ausgefeilt und linguistisch befriedigend, aber diskursanalytisch zu eng, um der Komplexität von Strukturen kommunikativer Verständigung im urbanen Raum auch nur annähernd gerecht zu werden. Deshalb hatte ich schon in meinem Buch über *Angewandte Sprachsoziologie* gefordert, Stadtsprachen als mit Hilfe von gruppensoziologischen Kategorien zu ordnende Interaktionsnetzwerke zu beschreiben (Hess-Lüttich 1987: 68–72). Damit wollte ich in Orientierung an John J. Gumperz einerseits und Michael A.K. Halliday andererseits ethnographische und soziosemiotische Analysemethoden zu einer polyperspektivisch-multifaktoriellen Diskursanalyse urbaner Kommunikation unter Einschluss ihrer symbolisch-subsprachlichen Ausdrucksformen integrieren.

Diesem Anspruch wurde im deutschsprachigen Raum vor allem das von einer Arbeitsgruppe des Instituts für deutsche Sprache (Mannheim) durchgeführte Projekt *Kommunikation in der Stadt* modellhaft gerecht (cf. Kallmeyer 1994; id. 1995), in dem das Sprachverhalten von ausgewählten multikulturellen Einwohnergruppen (Einheimische, Zugezogene, Migranten, Ausländer) in bestimmten Quartieren Mannheims über Jahre hinweg dokumentiert wurde. Die Untersuchung des daraus entstandenen Corpus fokussierte auf die konkreten Prozesse sprachlicher Verständigung in verschiedenen Konstellationen als auch auf die Kommunikationsnetzwerke, in denen sie stattfinden. Methodische Voraussetzung dazu ist die Berücksichtigung der Gliederung des sozialen Lebensraumes der Menschen in der Stadt und damit von anthropologischen und sozialpsychologischen Ansätzen zur Erforschung solcher Netzwerke. Mit der Gumperzschen Differenzierung zwischen ‚social setting', ‚social situation' und ‚social event' wird der Zusammenhang zwischen diskursiven Prozessen und territorialem Raum relevant, innerhalb dessen sie sich vollziehen.

Daran und an darauf aufbauende Ansätze der modernen Stadtsprachenforschung (cf. Stienen ed. 2006; Krefeld ed. 2008; Löffler & Lorenz eds. 2010) kann unsere Fragestellung anknüpfen, indem sie untersucht, welche Rolle das Verhältnis von Schauplatz, Anlass und Interesse beim Prozess der Gruppenbildung spielt, welche Normvorstellungen und Wissensbestände, kollektive und individuelle Spracheinstellungen der Gruppenmitglieder für ihre Verständigung, ihr Selbstbild und ihre Abgrenzung von anderen Gruppen bedeutsam sind und inwiefern sich das alles semiotisch manifestiert in gruppentypischen Kommunikationsformen, Diskursmustern und Argumentationsroutinen. Gerade im Zeichen der Flüchtlingsdebatten seit 2015/2016 mit den darin kontrovers diskutierten Fragen der (sprachlichen, sozialen, beruflichen, politischen) Integration von Menschen aus anderen Sprach- und Kulturregionen werden solche komplexeren Ansätze bedeutsam. Dies gilt auch für die Forschungsprojekte zur Untersuchung der Mehrsprachigkeit in urbanen Räumen oder die Beobachtung der Entwicklung sog. ‚fremdkultureller Parallelgesellschaften' in Metropolregionen (cf. Hess-Lüttich 2015).

1.5 Urbanitätsforschung (*urban discourse*)

Die bis hierher vorgestellten Strömungen können nun mit in das einfließen, was man disziplinsystematisch schon seit einiger Zeit *Urban Studies* nennt, um der Tendenz zu fachlicher Gebietsbildung und akademischer Etablierung wissenschaftssoziologisch Rechnung zu tragen. In ihrem Rahmen können die an technischer Innovation und urbanen Planungsprozessen beteiligten Akteure (wie Ingenieure, Energieversorger, Architekten, Stadtplaner, Kommunalpolitiker, Bürgerinitiativen, Mieter- und Verbraucherverbände) nicht nur für die ökonomischen, juristischen, politischen Implikationen ihres Handelns, sondern eben auch für dessen soziale, kulturelle, sprachliche, historische und (nicht zuletzt) ethische Prämissen sensibilisiert werden. Die Beobachtung der Entwicklung von Metropolen mit ihren gegenläufigen Tendenzen zur Expansion und Fragmentierung bietet sich für eine diskursanalytisch integrierte Fragestellung wie der unseren nach den kommunikativen Infrastrukturen in (technologischen) Innovationsprozessen (wie dem energetisch-ökologischen Stadtumbau) in besonderer Weise an, weil im Zeichen des Klimawandels und im Zuge des Nachhaltigkeitsdiskurses seit dem letzten Quartal des vergangenen Jahrhunderts der Bedarf an einer Verbindung von technologischer Innovationspolitik, politischer Steuerung, sozialer Praxis und ethischer Rechtfertigung immer offensichtlicher geworden ist (cf. Hess-Lüttich 2007; id. 2020).

Dem trägt eine Entwicklung innerhalb der ursprünglich vornehmlich quantitativ-ökonomisch ausgerichteten *Urban Studies* Rechnung, in der die oben genannten (sozialen, kulturellen, sprachlichen, historischen) Kategorien zunehmend Gewicht gewinnen, weil ‚Nachhaltigkeit' ohne Mitwirkung der von den (technischen) Veränderungen Betroffenen kaum zu erzielen ist. Gesine L. Schiewer (2013: 203–219) misst diesen neuen (methodisch sowohl quantitativ als auch qualitativ operierenden) Ansätzen insofern besondere Bedeutung bei, als sie Städte als physischen Raum mit je spezifischen urbanen Infrastrukturen und als sozio-politische Lebensräume in den Blick nehmen. Dabei sind die internationalen Unterschiede zwischen europäischen Stadttypen mit ihren historisch gewachsenen Stadtkernen mit entsprechender Verdichtung der Infrastrukturen (*compact cities*, Mobilität, Quartiermanagement) und den polyzentrischen *Mega-Cities* in manchen Schwellenländern mit ihren Fragmentierungstendenzen in physischer, ökonomischer, sozialer Hinsicht (*slums*, *gated communities*, *ethnical segregation* etc.) enorm. Deshalb ist ihre interdisziplinäre Erforschung vor neue epistemologische Herausforderungen gestellt (cf. Schiewer 2020: 645–666).

Diesen Herausforderungen suchen die diskursanalytischen Ansätze der *Urban Studies* dadurch gerecht zu werden, dass sie den sozialen Divergenzen, objektiven Interessenlagen und kulturellen sowie sprachlichen Voraussetzungen der Akteure einerseits und den Möglichkeiten bzw. Notwendigkeiten urbaner Planung und politischer Steuerung andererseits gleichermaßen Rechnung tragen. Entsprechend weit ist ein Forschungsrahmen zu stecken, der *Urbane Kommunikation* als komplexen, historisch und kulturell spezifischen Aushandlungsprozess beschreibt. Um modern-nachhaltige Stadtplanung (*urban planning*) überhaupt noch zu ermöglichen, muss die Kakophonie der Stimmen beteiligter Akteure zu einem konsensorientierten Dialog führen, in dem über öffentliche und private Prämissen und Interessen, soziale und ökonomische Zielsetzungen, annähernd rational verhandelt werden kann. Dabei müsste ein solches kollaborativ orientiertes Dialogmanagement den Zusammenhang von Machtkonstellationen, Interessenlagen und Planungsdesideraten jederzeit im Blick behalten, denn natürlich ist die Unterstellung einer Symmetriekonstellation der Diskurspartner (im Sinne des Habermas'schen rationalen

Diskurses) in der Praxis Fiktion. Ein Dialogmanagement im hier beschriebenen Sinne muss also mit Albrechts & Denayer (2001: 372) davon ausgehen, dass Stadtplaner „engage in discourse, conversation, negotiation and persuasion with several groups in society which tell different stories". Sie haben also nicht nur unterschiedliche *Interessen*, sondern sie teilen nicht einmal dieselben Wissensbestände und Wertorientierungen, ihre *Weltsicht*, d.h. ihre Interpretation von Wirklichkeit differiert, was nach Albrechts & Denayer (2001: 372) dazu führt, dass

> [...] public discourse suffers from the implicit divergence, because societies like ours have political mechanisms only for resolving conflicting interests, not for conflicting views of reality. *Because* the mechanisms for dealing with conflicting world-views, discourse communities are lacking (and because in discourse, we mainly stick to our own group and the language we 'understand'), we only seldom notice that *perceptions* and not only *interests* in society differ markedly [Hervorh. EHL].

Der Befund ist alles andere als trivial, wie wir täglich an den zentrifugalen Kräften beobachten können, die heute gesellschaftliche Diskurswelten auseinandertreiben. Wenn in manchen politischen, religiösen oder ideologischen Diskursen oft nicht einmal mehr die Einigung über die gemeinsame *Wahrnehmung* objektiv gegebener Zahlen, Daten, Fakten oder Sachverhalte möglich ist, über die sich dann in der Sache immer noch argumentativ trefflich streiten lässt, geraten die Grundfesten demokratisch verfasster Gemeinwesen ins Wanken. Denn dann werden jene ‚Basisregeln kommunikativer Interaktion' verletzt, die Verständigung überhaupt erst ermöglichen (Schütz 1971; id. 1974; Cicourel 1975; Ungeheuer 1987; id. 1990).

1.6 Energetisch-ökologischer Stadtumbau und kommunikative Infrastruktur

Die bis hierher entwickelten forschungsgeschichtlichen und begriffssystematischen Voranahmen können nun anhand konkreter Aufgabenstellungen illustriert werden. Zu den städtebaulichen, architektonischen und ingenieurtechnischen Herausforderungen der programmatischen Stadt im 21. Jahrhundert gehört mit fachübergreifender Relevanz die Entwicklung neuer regenerativer Energiekonzepte, die das Ziel einer Reduktion der Treibhausgase bei gleichzeitiger Emanzipation von fossilen und nuklearen Energieträgern unter Gesichtspunkten der Nachhaltigkeit verfolgt (cf. Nerdinger & Wolfrum eds. 2009). Darüber besteht nach der politischen Grundsatzentscheidung über die sog. ‚Energiewende' nach der Reaktorkatastrophe in Fukushima und angesichts des sich zunehmend beschleunigenden Klimawandels in Deutschland inzwischen weitgehend Konsens (mit den üblichen Ausnahmen am rechten Rand des politischen Spektrums), auch in weiten Teilen der Europäischen Union, nachdem die neue Kommissionspräsidentin Ursula von der Leyen einen *Green Deal* skizziert hat, leider nicht im gleichen Maße im Rest der Welt, wie die noch nicht problemadäquaten Ergebnisse der jährlichen Klimakonferenzen ebenso zeigen wie die anhaltenden Auseinandersetzungen um die Zukunft der Nutzung nuklearer Energiequellen oder das ungelöste Problem der Endlagerung nuklearer Abfälle.

Wenn nun aber zentral gesteuerte, monofunktionale Top-Down-Modelle in der Praxis städtischer Entwicklung immer häufiger scheitern (Haffner 2004), scheint es erfolgversprechender, nachhaltige Stadtplanung (*sustainable urban planning*) im Sinne der bislang entfalteten Prämissen als kommunikativen Prozess aufzufassen, der Städtebau, technologische Entwicklung, Wohnen und die Sozialstruktur der Stadt als vernetzt begreift. Insofern stellt sich die Frage, unter welchen Bedingungen alle jeweils direkt Beteiligten unter den oben genannten urbanen Akteuren miteinander ‚ins Gespräch' kommen können. Mit den Formen, Strukturen und Funktionen ihrer Verständigung rücken auch ihre soziokulturellen Prämissensysteme in den Blick und damit zugleich auch die historischen Rahmenbedingungen (Baubestand, Denkmalschutz, Milieuschutz etc.). Unsere Fragestellung greift das neue Interesse an ‚Architekturkommunikation' auf (Fischer & Delitz 2009) und sucht zu klären, welche Konversationsmaximen für neue urbane Qualität durch Vermittlung, Moderation und Integration erfolgversprechender sind als die bisherige Praxis.

Das Ziel ‚neuer urbaner Qualität' ist nicht nur die Entwicklung von ökologisch nachhaltigen Bebauungs- oder Umbaukonzepten, sondern auch eine sowohl sozial, historisch und kulturell sensibilisierte als auch demokratisch legitimierte partizipative Stadtentwicklung mit dem Ziel der gesellschaftlichen Akzeptanz notwendiger Innovationsprozesse. Dies kann am Beispiel des energetisch-regenerativen Stadtumbaus – also der Entwicklung städtebaulicher Konzepte, die innovative Konzepte der Schonung von Energieressourcen unter zunehmender Nutzung erneuerbarer Energien (*renewable energy*) von vornherein berücksichtigen – im Blick auf aktuelle urbane Diskurse, postmoderne Lebensmodelle und kontrovers geführte Debatten über solche Großbauprojekte veranschaulicht werden, deren Kosten (und ggfs. Kostenentwicklungen) von politischen Entscheidungsträgern gegenüber ihren Wählern durch plausible Gründe zu rechtfertigen sind.

Zu den zentralen urbanen Kommunikationsaufgaben wird daher die Vermittlung von politisch-sozialen Notwendigkeiten, technischen Möglichkeiten und individuellen Bedürfnissen betroffener Akteure zählen. Die Untersuchung kommunikativer Infrastrukturen stellt daher eine Ergänzung der Analyse von Stadtentwicklung dar im Hinblick etwa auf Materialforschung und Energiebedarf, wenn davon auszugehen ist, dass die fossil-nuklear versorgte Stadt als Auslaufmodell gilt. ‚Neue urbane Qualität' erscheint mithin als Aufgabe der kommunikativen Koordination unterschiedlicher Interessengruppen mit durchaus disparaten Prämissen, Interessen und Wertesystemen.

Wenn ‚neue urbane Qualität' auch als *sozialer Prozess* verstanden wird, kann die Partizipation von Bürgern an städtebaulichen Entscheidungen als Gegengewicht zu Tendenzen sozialer Fragmentierung wirken. Der städtische Raum ist dabei im Sinne des eingangs entwickelten Raumbegriffs (Abs. 1.2) im weiten Sinne nicht nur als unmittelbar physisch kohärenter Raum zu verstehen, sondern er ist sozial konstituiert und medial potentiell ubiquitär und muss daher kommunikativ erschlossen werden, wenn er für die Vereinbarkeit komplementärer Lebensstile und die Identifikation der Bürger mit ihrer Stadt (ihrem Quartier) relevant werden soll.

Es geht mit anderen Worten darum, außer den naheliegenden Faktoren architektonisch-technischer und ökonomisch-finanzieller Machbarkeit auch solche der sozialen Akzeptanz der Innovation und der kulturellen Codierung des baulichen Bestandes zu berücksichtigen, also um die Produktion von konsensuellem Wissen im Dialog der Akteure, in europäischem Kontext übrigens nicht zuletzt ein Gebot der demokratischen Verfasstheit städtischer Kommunen. Vor dem Hintergrund von ‚Ökologie' als Marketingstrategie kann freilich auch ein vermeintlich erreichter Konsens über die ökologische Zukunft von Städten durchaus strittig bleiben, zumal der habituelle ökologische Lebensstil einer urbanen Mittelschicht im Zusammenhang von Migration und demographischem Wandel keineswegs als repräsentativ gelten kann. Deshalb muss ein grundlegender Wandel von Energiesystemen mit einem grundlegenden Wandel des Bewusstseins vom Zusammenhang von Energie- und Ressourcenverbrauch einhergehen, eine Kommunikationsaufgabe *par excellence*.

Unsere Leitfragen zielen, zusammenfassend, demnach (i) auf die kommunikativen Strukturen, die die gesellschaftliche Präsenz urbaner Energiekonzepte der Zukunft bestimmen, (ii) auf die Akteure in diesen Strukturen bzw. Netzwerken, (iii) auf ihre Interessenlagen und ihren Zugang zur öffentlichen Wahrnehmung in einer Stadt, (iv) auf die Bedingungen einer positiven (oder ggfs. negativen) Wahrnehmung der ökologischen Stadt als Resultat kommunikativer Aushandlung und medialer Vermittlung.

Der Vermittlung als diskursivem Wissenstransfer kommt also besondere Bedeutung zu. Aus der Fülle diesbezüglich negativer Erfahrungen in der Vergangenheit müssen nun die richtigen Schlüsse gezogen und defizitäre Strukturen bisheriger Verläufe urbaner Kommunikation kritisch freigelegt werden. Die Stadt mit positiver Energiebilanz *und* die Stadt mit aktiver Partizipation ihrer Einwohner sind das gleichrangige Ziel, weil ökonomische Produktivität und soziale Kohäsion einander bedingen. Die ökonomistische Reduktion des Nachhaltigkeitsbegriffs zu einer bloßen Marketingstrategie könnte durch eine Ergänzung von Stadtplanungsdiskursen um Perspektiven der Sozial- und Kommunikationswissenschaften überwunden werden.

Die theoretischen Vorgaben dafür liegen längst auf dem Tisch. Auf der Agenda stehen sowohl die Kommunikation *in der* Stadt als auch *über die* Stadt (Warnke 2011; Gerhard

& Warnke 2011). Das Konzept der ‚neuen urbanen Qualität' im hier verstandenen Sinne verknüpft Bau- und Raumplanung mit kommunikativer Infrastruktur (Schrenk et al. eds. 2013) und Stadtentwicklung in der Balance von Innovation und Identität (Ivanisin 2006). Urbanität ist danach nicht nur ein Produkt baulicher Gestaltung, sondern auch der Synthese von Erfahrungsmustern der Akteure und ihrer Wahrnehmung von ‚Lebensqualität' im städtischen Raum (cf. Löw 2001; id. 2008; id. 2018). In der Tradition des sozialen Interaktionismus ließe sich schärfer profilieren, wie geteiltes Wissen durch kommunikatives Handeln produziert und Bauplanung dynamisch ausgehandelt wird (cf. Christmann 2004; Matthiesen 2008; Berking 2008). Stadtentwicklung bedarf der öffentlichen Debatte, deren Dynamik sozialer und medialer Kontrolle unterliegt (Stichworte: demographischer Wandel, Sprachwandel, Veränderung der Lebensformen, Lokalmedien etc.) und in gesellschaftliche Entwicklung eingebettet bleibt (Stichworte: Heterogenität, Migration, Multilingualität, Marginalisierung, Gentrifizierung, Ghettobildung etc.).

Auch methodisch ist der Boden längst bereitet für die Analyse der kommunikativen Netzwerke städtischer Akteure (z.B. in der modernen Stadtsprachenforschung, s.o. Abs. 1.4) ebenso wie für die Abhängigkeit energetischer Nutzung von sozialen Sphären und technischen Parametern (Genske et al. 2010). Die Wechselwirkung der Handlungslogiken von Medien und Institutionen auf der Makroebene, der lokalen Akteure auf der Mesoebene und ihrer interpersonalen Netzwerke auf der Mikroebene (Gruppenbildungen und Sprachlandschaften, s.u. Abs. 3.2) kann so zum Gegenstand empirischer Beobachtung werden, etwa durch die Erhebung von Diskurscorpora zum energetischen Stadtumbau mittels leitfragenbasierter Interviews mit Planern, Bürgerinitiativen, Interessenvertretern sowie der linguistischen Analyse einschlägiger Berichterstattung in den Medien. Die im Rahmen einer Mehr-Ebenen-Analyse (z.B. nach DIMEAN: cf. Warnke & Spitzmüller 2008; Spitzmüller & Warnke 2011) qualitativ und quantitativ auszuwertenden Corpusdaten aus Gesprächsprotokollen und Textquellen böten gewiss neue Einsichten in die individuelle und öffentliche Wissenskonstitution zum Thema ‚neue urbane Qualität' (würden aber den vorgegebenen Rahmen dieses Essays sprengen). Die Verbindung von Stadtplanung und Architektur mit Sozial-, Sprach- und Kommunikationswissenschaften kann damit einen wichtigen Beitrag leisten zur empirischen interdisziplinären Raumwissenschaft, der auch einen unmittelbar praktischen Nutzen hätte, insofern er den Aufbau von transdisziplinärer Expertise für Stadt- und Quartierspolitik erlaubte, die empirisch fundiertes Grundlagenwissen für Regierungs- und Verwaltungsentscheide in der Energieentwicklung bereitstellt für nachhaltige Raum- und Nutzungsplanung im Städtebau. Anhand von sieben kurzen Skizzen – die als Diskursimpulse figurieren, nicht als Resultate empirischer Untersuchungen – sei der hier vorgeschlagene interdisziplinäre Ansatz im Folgenden exemplarisch illustriert.

2 „The Big Open“ in Berlin – oder: „Die Tempelhofer Freiheit“

2.1 Vom Ordensfeld zum Weltflughafen

Das erste Beispiel sind in Deutschland die jahrzehntelangen öffentlichen Debatten über den neuen Berliner Großflughafen *Willy-Brandt* (BER), der bereits kurz nach der Wiedervereinigung Anfang der 1990er Jahre für eine Eröffnung zu den Olympischen Spielen 2000 geplant, aber erst ab 2006 zu bauen begonnen wurde. Die schließlich für 2011 angekündigte Eröffnung musste dann aufgrund zahlloser technischer Probleme und (in deren Folge) gravierende kommunikativer Verwerfungen innerhalb des Trägerunternehmens und zwischen diesem und den beteiligten politischen Stellen zwischen Berlin und Brandenburg immer wieder verschoben werden. Mit 20-jähriger Verspätung soll nun der neue Flughafen, der die bisherigen Flughäfen Tempelhof, Tegel und Schönefeld ersetzt, am 31.10.2020 zum exorbitant gestiegenen Preis von drei Flughäfen (über 6 Mrd. Euro) eröffnet und mit den ersten beiden Terminals in mehreren Schritten in Betrieb genommen werden – rechtzeitig zum Shutdown infolge der Corona-Pandemie und zur drohenden Insolvenz der Flughafengesellschaft: „Die Großmutter aller Bauskandale“ (Fichtner 2020). In dieser langen Phase wurde stets auch über die Zukunft der drei ‚alten‘ Flughäfen debattiert. Wie kann das monströse Gebäude des Flughafens Tempelhof überhaupt anders sinnvoll genutzt werden? Was geschieht mit und auf der endlosen Weite des ‚Tempelhofer Feldes‘ inmitten des Stadtgebiets? Warum muss der (wegen seiner Architektur der kurzen Wege und praktischen Sicherheitskonzepte) allseits beliebte Flughafen Tegel Ende

2020 schließen, während der marode Flughafen Schönefeld als Terminal 5 dem neuen BER zugeschlagen und vorläufig weitermachen darf?

Aus diesem vielschichtigen Debattengeflecht greifen wir hier nur ein Segment heraus, nämlich die (sogar in ein Referendum mündende) streitig ausgetragene Kontroverse um die Nutzung des Tempelhofer Areals des am 30. Oktober 2008 geschlossenen Flughafens Tempelhof. Denn hier stehen sich die „Disponibilität des Raumes“ und die „historische Physiognomie des Ortes“ (Assmann 2009) in exemplarischer Weise gegenüber. Der stillgelegte Flughafen mit dem ‚Tempelhofer Feld‘ hat sich mittlerweile historisch mit so viel Bedeutung aufgeladen, dass man von einem Palimpsest der Erinnerungsschichten sprechen kann, das die unbefangene Umnutzung durch Stadtplanung nicht unbeeinflusst lässt. Das Schichtengefüge kann hier nur mit wenigen Stichworten freigelegt werden. Die Geschichte des Ortes beginnt nämlich lange bevor der Flughafen von dem Architekten Ernst Sagebiel entworfen wurde.

Im 13. Jahrhundert erhält das Feld, auf dem ein Ordenshaus des Templerordens stand, seinen Namen (‚tempelhove‘). Im 18. Jahrhundert wurde das Gelände vom ‚Soldatenkönig‘ Friedrich Wilhelm I. von Preußen als Exerzierplatz genutzt und erlangte hundert Jahre später internationale Aufmerksamkeit durch die berühmte ‚Dreikaiserparade‘ im Jahre 1882 vor Kaiser Wilhelm I., Zar Alexander II. von Russland und Kaiser Franz Joseph von Österreich (Trunz 2008: 11). Die aufsehenerregenden Flugshows der Wright-Brüder im September 1907 weisen gleichsam kataphorisch voraus auf die spätere Bestimmung des Ortes: 1925 wird das Feld zum (noch sehr bescheidenen) Berliner ‚Zentralflughafen‘, den Adolf Hitler zehn Jahre später dann zu einem repräsentativen ‚Weltflughafen‘ auszubauen anordnete, den Albert

Speer für ihn als ein bauliches Zeichen für dessen wahnhafte Vorstellung von der politischen Bedeutung des ‚Dritten Reiches' entwirft. Dessen wahres Gesicht freilich wird aber wohl eher durch das am Rande des Feldes errichtete Konzentrationslager ‚Columbia' symbolisiert, dem einzigen KZ auf Berliner Boden, in dem bis zu seiner Auflösung 1936 prominente Gefangene wie der Rabbiner Leo Baeck, der Kabarettist Werner Finck oder der Kommunist Erich Honecker einsaßen.

Nachdem ‚das Reich' nach weiteren zehn (statt ‚tausend') Jahren in Trümmern lag, wurde der unvollendet gebliebene Flughafen von den Alliierten für ihre legendäre Luftbrücke genutzt, die den Menschen im von den Sowjets blockierten Westen Berlins das Überleben sicherte und an die das Mahnmal Eduard Ludwigs auf dem ‚Platz der Luftbrücke' bis heute erinnert (Trotnow & v. Kostka 2010: 15 ff.). Erst im Sommer 1962 wurde der in Anlehnung an die ursprünglichen Entwürfe von Ernst Sagebiel wieder aufgebaute Zivilflughafen für die eingeschlossenen Berliner schließlich zum ‚Tor zur Welt' und für die Besucher von überall her zum in den Medien omnipräsenten Entree (Trunz 2008: 114). Nachdem alle Bürgerinitiativen für dessen Erhalt gescheitert waren, sollte der geplante Berliner Flughafen *Willy Brandt* (das für ihn vorgesehene Kürzel BBI musste durch BER ersetzt werden, weil man übersehen hatte, dass ‚BBI' bereits durch den indischen Flughafen Bhubaneswar besetzt war) seine Funktionen übernehmen (und gleich auch die des ebenfalls zu schließenden Flughafens Tegel, für dessen Erhalt sich ebenfalls eine Bürgerinitiative gebildet hatte).

2.2 Ein Flughafen-Terminal als Palimpsest

In Tempelhof steht nun die geradezu einschüchternd imposante Abfertigungshalle leer und liegt das weitläufige Gelände brach. Die historischen Schichten werden allmählich von neuen Funktionen überlagert. Schon seit Mitte der 1990er Jahre wird geplant, zunächst nur in engeren Zirkeln von Planungsbüros und Expertengremien, später unter Beteiligung der Bevölkerung in Internet-Foren und Bürgerbefragungen. 2010 wird ein Wettbewerb zur Landschaftsplanung ausgerufen, in dem die ursprünglichen Ideen zu einer Parkanlage zur Geltung kommen sollen (cf. Seidel 2012: 32). Während ‚das Volk' den Ort als ‚Tempelhofer Freiheit' längst für seine Zwecke nutzt, plant die Senatsverwaltung unter Erhaltung zentraler Parkflächen die behutsame Bebauung von den Rändern her, um zwischen den angrenzenden Quartieren und ‚dem Feld' eine Verbindung zu schaffen. Gegner und Befürworter der Pläne liefern sich in Gremien, Medien und Foren seit der Veröffentlichung des Masterplans im Mai 2013 erbitterte Gefechte.

Die Schichten des Palimpsestes spielen dabei eine wesentliche Rolle. Die Architektur erhielt durch den Einfluss von Albert Speer auf Sagebiels Pläne ihre semiotische Prägung: die Gebäude des Flughafens repräsentieren zugleich die monumentalistische Staatsarchitektur als steinernen Ausdruck des Machtwillens des Nazi-Regimes und die moderne Industriearchitektur als das Aushängeschild deutscher Ingenieurskunst im Stile der ‚Neuen Sachlichkeit' (cf. Reichhardt & Schäche 2008: 23 ff. et passim). Die Zeichenensembles für beide Funktionen (die Raumdimensionen, die Reichsadler-Reliefs, die Baumaterialien, die Stahlbetonskelett-Konstruktion) sind bis heute wirksam. Eingebettet in die gigantomane *Germania*-Planung mit ihrer axialen Ausrichtung auf das Kreuzberg-Denkmal Karl Friedrich Schinkels als den Ort der nationalsozialistischen Sonnenwendfeiern verweist der Bau auf das Architektur-Konzept der NS-Ideologie (Reichhardt & Schäche 2008: 100; cf. Raichle 2010) und wird durch das KZ ‚Columbia' und die Kampfbomberproduktion der Weser-Flugzeugwerke zum Ort ihrer Vollstreckung, zum ‚Akteur des Krieges'.

Nach dessen Ende kommen neue Funktionen und Bedeutungsschichten hinzu. ‚Tempelhof' steht für ‚Luftbrücke', für Überleben und Freiheitswillen, später für die Verbindung der von einer sozialistischen Diktatur eingeschlossenen Insel zum ‚freien Westen', zum Symbol auch für den Imagewandel der Westmächte: „Aus Besatzern wurden Beschützer" (Geppert 2010: 137). Nach der historischen Wende von 1989 verliert diese Funktion als Bollwerk an der Front und Brücke zur Freiheit ihre Bedeutung. Wieder müssen neue Bedeutungen gesucht und gefunden werden für das ‚leere Gebäude' und das ‚freie Feld'. ‚Tempelhof' als ‚historischer Ort' hat Zeichen hinterlassen (cf. Assmann 2009: 16 f.), ihm ist Geschichte ‚eingeschrieben', er ist semantisch mannigfach ‚aufgeladen': das erklärt das Engagement in der Debatte zum Übergang vom historischen Ort zum öffentlichen Raum. Aber ob man „eine gegebene geographische Fläche eher als Ort oder als Raum ansieht, ist nicht eine Frage ihrer inhärenten Qualität, sondern eine Frage des Blicks, der Perspektive, des aktuellen Handlungs-Interesses" (Assmann 2009: 22).

Der historische, funktionale und semantische Wandel muss schichtweise rekonstruiert werden, die semiotischen Veränderungen, die aufgrund der Funktionswechsel und Funktionsverluste entstanden sind, müssen definiert werden, wenn die Debatte Früchte tragen soll. ‚Tempelhof' als Zeichen zu interpretieren heißt, die in den jüngsten

Palimpsest-Schichten historisch ‚geladene‘ Semantik der Zeichenträger ‚Flughafengebäude‘ und ‚Flugfeld‘ angesichts ihres Funktionsverlusts mit neuer, zusätzlicher Bedeutung zu füllen (cf. Eco 2002). Dafür stehen die Pläne zu seiner Entwicklung zum Modellprojekt künftiger Stadtplanung. Die im Auftrag der Berliner Senatsverwaltung für Stadtentwicklung erarbeiteten Strategien zur energetischen Entwicklung des Tempelhofer Feldes könnten dafür die Blaupause liefern – so zumindest die Idee der Senatsverwaltung für Stadtentwicklung und Umwelt noch bis 2015. Denn der Energiebedarf des denkmalgeschützten Gebäudes sei enorm (nämlich 150 kWh/m^{2}a), das Gelände energetisch aber vollkommen ungenutzt, was dem Steuerzahler erhebliche Kosten aufbürde. Deshalb sei der potentielle Beitrag aller denkbaren (alternativen) Energieträger zu prüfen (cf. Genske et al. 2014).

Pläne zur energieneutralen Umnutzung des Flughafens Tempelhof zielten auf eine Deckung des Bedarfs durch die Integration mehrerer Quellen (Blockheizkraftwerk, Solar- und Tiefengeothermie, Biogasanlagen) und eine moderate Randbebauung als Brücke zu den angrenzenden Quartieren. Durch die Diskussion solcher oder ähnlicher Vorschläge, so die seinerzeitige Hoffnung, könne dem Tempelhof-Palimpsest eine neue Schicht aufgelagert werden, ohne die darunterliegenden Schichten dem Vergessen anheimzugeben: aus der Erinnerung an totalitären Ausdruckswillen die demokratisch verhandelte Nutzung künftiger urbaner Räume ökologisch, finanzierbar, menschenwürdig zu gestalten.

2.3 Vom Bürgerpark zum Flüchtlingslager – und zurück?

Es sollte alles anders kommen. Gegen die Vorschläge der Verwaltung von der Umwandlung des Tempelhofer Feldes zu einem 230 ha großen Park für die Bürger mit energetisch neutralen Sozialwohnungen für ca. 5000 Einwohner am Rande des „big open" („eine behutsame Randentwicklung für Wohnen, Wirtschaft, Wohlfühlen, unter Nutzung der Möglichkeiten energetischer Stadterneuerung") erhob sich erbitterter Widerstand. Die öffentliche Auseinandersetzung erreichte ihren Höhepunkt, als eine eigens zu diesem Zwecke gegründete Bürgerinitiative namens „100% Tempelhofer Feld" die Durchführung eines Volksentscheids erzwang, über den schließlich am 25. Mai 2014 abgestimmt wurde. Der Vorlage des Berliner Abgeordnetenhauses wurde ein Gesetzesentwurf entgegengesetzt, der den Erhalt des Tempelhofer Feldes in seiner gegenwärtigen Form als Wiese und ohne jede bauliche Veränderung festschrieb (Michaelis-Merzbach ed. 2014: 14, 28).

Der Streit darüber tobte wochenlang in den Gazetten der Stadt und entzweite ihre Bürgerschaft. Dabei standen anfangs die Wetten für die Entwürfe des Senats nicht schlecht. Angesichts eines Nettozuwachses von 40–50 Tausend Einwohnern *per annum* bei steigenden Miet- und Immobilienpreisen war eigentlich eine klare Mehrheit für die Senatsvorlage zu erwarten, zumal die Grünfläche ja im Wesentlichen erhalten bleiben sollte. Am Ende gab es jedoch eine überraschend klare Mehrheit der Teilnehmer an der Abstimmung für den Alternativentwurf der Bürgerinitiative (65:35 % bzw. 30:19 % der Stimmberechtigten). Die Kampagne ist ein eindringliches Beispiel für das Misslingen der öffentlichen Kommunikation zwischen Politik, Verwaltung und Bürgerschaft und damit ein starkes Argument für eine rechtzeitige Beteiligung der Bürger an der Stadtentwicklungsplanung, die bei Projekten dieser Größenordnung nur gelingen kann, wenn die jeweiligen Interessenlagen und Entscheidungsprämissen für alle Beteiligten transparent werden. Dazu bedarf es eines in sich komplex gestaffelten und in verschiedenen Foren und Medien organisierten Diskussionsprozesses, der dann wieder Gegenstand kritischer Diskursanalyse sein kann.

Im Sommer 2015 wurde die Freifläche von den Anwohnern und Besuchern als eine Art multikultureller Freizeitpark aktiv angenommen und nach dem Vorbild des heute so beliebten Gleisdreieck-Parks (seit 2014 auf den sich über fast 32 ha erstreckenden ehemaligen Brachen des Bahngeländes am Anhalter und Potsdamer Güterbahnhof in Kreuzberg und Schöneberg) vielfältig genutzt zur Erholung, für Fußball und Spiele im Freien; türkische Familien ließen Drachen steigen und lagerten um Picknickkörbe, Jugendliche nutzten die riesigen Landebahnen als Skaterpark und für Rollschuhrennen. Die Initiatoren des Volksbegehrens hatten dafür ca. 40’000 Euro aus eigener Tasche aufgebracht, um gegen die Regierungskampagne zu bestehen, und sie hatten damit durchschlagenden Erfolg. Ein neues Gesetz garantierte ihnen den *status quo*: eine unendlich weite Freifläche aus Beton und Wiese mitten in der Stadt. Ihre Argumentation hatte geschickt das nach zahlreichen Bauskandalen in der Stadt gewachsene Misstrauen gegenüber Bauinvestoren, Immobilienspekulanten, überforderten Stadtplanern, abgehobenen Politikern genutzt und ein Zeichen gesetzt für eine bürgernahe Hauptstadt, für Freiheit und Humanität.

Die Freude der Abstimmungsgewinner über ihren Sieg währte freilich nur einen Sommer. Schon im Herbst desselben Jahres wurde Berlin mit dem konfrontiert, was alsbald die europäische Flüchtlingskrise genannt wurde. Innerhalb eines Jahres strömten fast eine Million Menschen aus den Balkan-Ländern, aus Syrien, Irak, Afghanistan, aus den nordafrikanischen Ländern des Maghreb, aus Eritrea und Somalia, aus Nigeria und dem Sub-Sahel nach Deutschland.

Nach der Genfer Flüchtlingskonvention und im Namen der Humanität musste die Stadt Berlin allein in kürzester Zeit über 80'000 Flüchtlinge aus Kriegsgebieten und Migranten aus von Armut und Klimawandel betroffenen Regionen aufnehmen und unterbringen. Mit dem hereinbrechenden Winter waren sie bei klirrender Kälte aus eilig errichteten Zeltlagern in heizbare Notunterkünfte umzuleiten. Die Berliner Behörden waren mit solchen Aufgaben zunächst erkennbar überfordert (Stichwort ‚LaGeSo-Skandal' 2015).

Für die Teilnehmer an der Bürgerinitiative für die Erhaltung der Tempelhofer Wiese und gegen jede bauliche Veränderung ergab sich damit nun ein moralisches und argumentatives Dilemma. Sie verstanden sich den Umfragen zufolge mehrheitlich als ökologisch motiviert, politisch eher grün-alternativ bis links orientiert, multikulturell engagiert und tendenziell eher für die Aufnahme und Integration von Flüchtlingen als für deren Abschiebung oder Ausweisung. Ihr Engagement gegen Investoren im Namen der Humanität und Bürgernähe geriet in Widerstreit zu ihrem Engagement für die Migranten im Namen derselben Humanität und Mitmenschlichkeit, die Zustimmung heischt zu den neuen Plänen für Tempelhof, dort (im Widerspruch zu dem zuvor verabschiedeten Gesetz) nun doch eine Art ‚Randbebauung' mit Flüchtlingsunterkünften ins Auge zu fassen. Welchen Ausweg gibt es aus diesem Dilemma? Das war die für den zeithistorisch aufmerksamen Diskursforscher interessante Frage, denn hier kündigte sich an, was später die Debatte über ‚Flüchtlingskrise' genannt werden sollte.

Angesichts der Flüchtlingszahlen musste der Berliner Senat schnell Entscheidungen fällen. Am 28. Januar 2016 verabschiedet die Mehrheit des Abgeordnetenhauses ein neues „Gesetz zur Unterbringung und Versorgung von Flüchtlingen", das die provisorische und befristete

Errichtung von Flüchtlingsunterkünften auf dem bebauten bzw. versiegelten Gelände des Flughafens zulässt. Vor der vom Bausenator zunächst ins Auge gefassten Aufhebung des vorherigen Tempelhof-Gesetzes vom Mai des Vorjahres und der ‚Randbebauung' nach den ursprünglichen Plänen, nur jetzt statt mit Sozialwohnungen mit Flüchtlingsheimen, schreckte das Parlament angesichts des eindeutigen Wählervotums indes zurück. Das neue Gesetz erlaubt nur die Nutzung der Hangars und des unmittelbar davorliegenden Rollfeldes, nicht aber die des eigentlichen Feldes. Die Hangars waren z.T. dafür bereits in Beschlag genommen worden, nun sollen zusätzlich auf einem Raum von fast 122'000 m^2 mobile Unterkünfte errichtet werden, ohne die Grünflächen zu tangieren. Damit würden nur 3.5 % des Feldes für diesen Zweck gebraucht, argumentiert der Senat, aber Platz für ca. 7'500 Menschen geschaffen, die Schutz suchen. Außerdem sollten die Unterkünfte auf drei Jahre befristet sein und könnten bei Entspannung der Lage zur Wiederherstellung des *status quo ante* leicht rückgebaut werden.

Außer den Notunterkünften (baurechtlich „fliegende Bauten" genannt) sahen die Pläne eine Halle für Sprachunterricht und Kinderbetreuung vor (‚Schule' 4'000 m^2), zwei Sporthallen (4'800 m^2 plus Nebenräume), ein Fußballfeld sowie weitere Sportplätze, eine Mehrzweckfläche (‚Marktplatz'), drei Hallen (zu je 1'600 m^2) für die medizinische Versorgung, für Werkstätten (zur berufsvorbereitenden Ausbildung) und eine Agentur für Arbeitsvermittlung (‚Job-Center'), eine Großküche (2'000 m^2), die den Flüchtlingen auch erlaubt, selbst eigene Gerichte zuzubereiten, sowie Lagerflächen (3'600 m^2), kurz, ein multikulturelles (und multikonfessionelles) Dorf für ca. 7'500 Einwohner, die vor Krieg, Hunger und Not aus ihrer Heimat fliehen mussten und hier vorübergehend ein menschenwürdiges

Zuhause finden sollen, nicht jedoch ein islamisches Ghetto, wie Senat und Stadtverwaltung zu versichern sich beeilten (cf. Czienskowski 2016; Schönball 2016).

Trotz der wiederholten Versicherungen seitens der Behörden, dass die Grünflächen von diesen baulichen Maßnahmen überhaupt nicht betroffen seien, riefen die Initiatoren der Bürgerinitiative „100% Tempelhofer Feld" sofort wieder zum Widerstand auf gegen die Pläne zum Ausbau des Flughafens Tempelhof zu Deutschlands größtem Flüchtlingscamp. Auch die Opposition im Parlament meldet Bedenken an. Sie argumentiert, dass die Integration der Flüchtlinge aus islamischen Ländern in die deutsche Gesellschaft durch ein Lager dieser Größe behindert werde, dass die geschätzten Kosten von ca. 1'200 € pro Kopf und Monat zu hoch seien, dass der den Menschen je zur Verfügung stehende private Raum viel zu klein sei, dass die Gefahr der Entstehung von Konflikten zwischen Einwohnern verschiedener religiöser Orientierung entsprechend groß sei, dass fehlende Arbeit und unsichere Bleibeaussichten zu Frustration, Depression, schließlich Aggression führen werde.

Dieselben Berliner Bürger, die zuvor im Namen von Menschlichkeit und Basisdemokratie, von Umwelt und politischer Emanzipation die Pläne für den sozialen Wohnungsbau zu Fall gebracht hatten, suchen nun den Bau der Notunterkünfte für Flüchtlinge zu verhindern, weil sie eine Keimzelle für künftige Wohnbauten seien. Den Verdacht oder gar Vorwurf latenter Xenophobie würden diese Bürger zugleich vehement zurückweisen. Mitglieder der Partei *Bündnis 90/Die Grünen* unterstellen der Koalition aus Sozialdemokraten und Konservativen, ihren Sieg bei dem Tempelhof-Referendum nachträglich zunichtemachen zu wollen und die Option auf die Randbebauung nach den ursprünglichen Plänen insgeheim weiterzuverfolgen. *Die*

Linke sieht potentielle Investoren Morgenluft wittern und Immobilienhaie in den Startlöchern. Beide teilen mit der Bürgerinitiative den Zweifel, dass so viele Menschen auf so engem Raum eine Chance zur Integration hätten. Vielmehr sollten sie anderswo und möglichst dezentral in der Stadt untergebracht werden. „Eine Form der Menschlichkeit tritt gegen die andere an“, kommentiert die *Berliner Morgenpost* (v. 29.01.2016), ja es scheine, als würden sich der Einsatz für die Flüchtlinge und der Einsatz für das Tempelhofer Feld gegenseitig ausspielen (Czienskowski 2016).

Die Debatte mutet im Rückblick fast idyllisch an, wenn man fünf Jahre später die erschreckenden Bilder aus den Flüchtlingslagern an den europäischen Außengrenzen vor Augen hat (Stichwort: Moria) und gleichzeitig die der wütenden Proteste fremdenfeindlicher Aktivisten. Längst wird das ethische Dilemma der Berliner Bevölkerung überlagert durch das der europäischen Migrationspolitik, die vergeblich eine Balance zwischen Humanität und Egoismus, Weltoffenheit und Abschottung sucht.

Das Dorf für die Geflüchteten ist längst zurückgebaut, aber nun ist weiterhin unklar, was mit dem unendlich weiten Raum des Tempelhofer Feldes geschehen soll. Zahlreiche Nutzungskonzepte wurden ausprobiert und wieder verworfen. Es gab Rockkonzerte und Kunstausstellungen, Modemessen und Pop-Festivals, zwischendurch versuchte der kurzzeitige Intendant der *Berliner Volksbühne*, der belgische Kunsthistoriker Chris Dercon, die riesigen Hangar-Hallen mit allerlei Performance-Projekten zu ‚bespielen‘, bevor er wegen ausbleibender Erfolge wieder vom Hof gejagt wurde (Schaper 2016). Der vielstimmige Chor der Planer offenbart, wie es scheint, eher die Ratlosigkeit der Stadt- und Senatsverwaltung im Umgang mit öffentlichem Raum. Die Visionen für die Zukunft des Tempelhofer Flughafens (z.B. im

Zusammenhang mit den Planungen für die dann doch wieder abgesagte Bundesgartenschau 2020) standen jedenfalls lange in krassem Gegensatz zu seiner tristen Gegenwart erst als Schutzraum notleidender Menschen aus fremden Kulturen, dann als Proberaum für die Selbstverwirklichung (coronabedingt) arbeitsloser Künstler und Performer.

Gibt es eine Zukunft für das einzigartige und denkmalgeschützte Bauwerk? Schon werden wieder Stimmen laut, auf die ursprüngliche Senatsvorlage zurückzukommen und die Pläne für einen großen innerstädtischen Park mit einer moderaten Randbebauung wieder hervorzuholen, gegen die sich gleichzeitig der Widerstand der Unbeirrbaren formiert. Die Debatte wird also wohl weitergehen, wie die berühmten letzten Zeilen in dem zuerst 1910 publizierten und von Florian Illies wiederentdeckten und neu ediertem Buch *Berlin – ein Stadtschicksal* von Karl Scheffler nahelegen, denn „Berlin ist eine Stadt, verdammt dazu, ewig zu *werden*, niemals zu *sein*" (Scheffler 2015: 7; cf. Bisky 2019: 16, 410).

3 Sprachlandschaften: Vor-Zeichen der Gentrifizierung (Prenzlauer Berg)

3.1 Metropolenzeichen

Wer in Berlin heute durch manche ‚Kieze' (Quartiere) streift, kann an manchen Ecken unsicher werden, in welchem Lande er oder sie sich befindet. Im Gewirr der Sprachen bieten die Menschen, Schilder und Reklametafeln in und an den Straßen keineswegs mehr immer genauere Orientierung. Man sieht Passanten aller Hautfarben vorbeiziehen, die oft den Bekleidungskonventionen (oder -vorschriften) ihrer heimischen Kulturen und Religionen folgen, der Blick fällt auf arabische, kyrillische, hebräische, chinesische und allerlei südostasiatische Schriften, und man weiß, man bewegt sich auf multikulturellem Grund. Auch andere deutsche Großstädte sind heute durch die Vielfalt solcher semiotisch-kommunikativen Strukturen geprägt. Kein Tag vergeht, an denen in den Medien nicht das internationale ‚Flair' der Metropolen emphatisch besungen wird und gleichzeitig die ethnischen Minderheiten als fremde ‚Fluten' und ihre Quartiere als ‚Problemzonen' bedrohlich ins Bild rücken. In den Talkshows geben sich unverdrossene Multikulti-Optimisten und xenophobe Überfremdungskassandras die Klinke in die Hand und streiten mit immer wieder frischem Eifer über die alte Frage, ob ‚die Fremden' eine Gefahr oder eine Bereicherung seien.

Der Streit ist m.E. müßig. Die Fremden sind da, und es werden vermutlich eher mehr werden, weil das nicht nur die Genfer Konvention, das europäische Asylrecht und das moralische Minimum erfordern, sondern auch die demographische Entwicklung, der ökonomische Bedarf und die

Sicherung der Sozialsysteme. Von den weltweiten Urbanisierungsprozessen wird auch der deutsche Sprachraum nicht unberührt bleiben. Höchste Zeit also, die Entwicklung kommunikativer Infrastrukturen urbaner Räume genauer in den Blick zu nehmen und Anschluss zu gewinnen an eine wissenschaftliche Diskussion, die schon seit einiger Zeit unter dem Rubrum *Urban Studies* interdisziplinär geführt wird und auch die *Cultural Studies*, die Soziolinguistik und die Mehrsprachigkeitsforschung nicht unberührt gelassen hat.

Dies war auch das Anliegen eines interdisziplinären Forschungsprojektverbunds im Rahmen des Profilschwerpunktes *Urbane Systeme* der Universität Essen. Darin ging es um die Stile, Themen, Verhältnisse, Bedingungen und Funktionen jener Kommunikationspraktiken, die innerhalb eines solchen Aushandlungsprozesses zur Artikulation und Konstitution des jeweiligen Urbanitätsverständnisses eingesetzt werden. Urbanität als Resultat kulturhistorisch spezifischer Kommunikationsprozesse wurde dort als „Distinktionskategorie im Sinne der habitualisierten Form sozialer Abgrenzung“ verstanden (Gurr et al 2012: 4). Die in solchen Kommunikationsprozessen produzierten Sinnstrukturen sind wiederum an die Medien ihrer Artikulation gebunden, also an semiotische Ressourcen wie Sprache, Bilder, Plakate, Klänge, Gerüche, Graphiken, Karten usw., kurz: „Metropolenzeichen“ (Ziegler et al. 2013/16; cf. id. 2018; Schmitz 2018 a, b):

> Das Projekt „Metropolenzeichen“ greift einen innovativen Zugang zum Thema „Mehrsprachigkeit“ auf und behandelt die Präsenz sichtbarer (= visueller) Mehrsprachigkeit im öffentlichen Raum der Metropole Ruhr als bundesweit wichtigster Metropole für Arbeitsmigration. – Visuelle Mehrsprachigkeit zeigt sich auf Informations-, Hinweis-, Geschäfts- und Straßenschildern. Sie steht in engem

Zusammenhang mit Migration, Kultur- und Konsumtourismus sowie auch mit Regionalisierungstendenzen, d.h. der Inanspruchnahme kleinräumigerer kultureller Identifikationssymbole wie etwa regionalen Varietäten. In einem interdisziplinären und multiperspektivischen Zugriff werden stadtsoziologische, sprachwissenschaftliche und integrationstheoretische Aspekte behandelt, d.h. die städteräumliche Verteilung, formale Ausgestaltung, funktionale Bedeutung und gesellschaftliche Bewertung visueller Mehrsprachigkeit untersucht.

3.2 Die Stadt als ‚Text': Interkulturelle Sprachlandschaften

Solche Aufgaben werden heute in einem interdisziplinären Forschungsfeld in Angriff genommen, das innerhalb der Diskursforschung in jüngerer Zeit erheblich an Aufmerksamkeit gewonnen hat: die Erkundung ‚sprachlicher Landschaften' (*linguistic landscapes*, *language mapping*). Anknüpfend an frühe Vorläuferstudien (cf. Spolsky & Cooper 1991) ist der Ausdruck seit 2006 auch im sozio- und geolinguistischen Fachdiskurs populär geworden und hat zu einer Reihe von Leitstudien über unterschiedliche Städte geführt wie z.B. Jerusalem (cf. Ben-Rafael 2006), Bangkok (cf. Huebner 2006) oder Tokyo (cf. Backhaus 2007).

Städte sind Zentren von Sprachbegegnungen. Nicht nur die von den Einwohnern gesprochenen Sprachen sind dabei von Interesse, sondern auch, welche sich im schriftlichen Bereich manifestieren und wie sie das tun. Wie ist eine ‚Stadt als Text' zu ‚lesen'? Wie konstituiert sich zum Beispiel die (schrift-)sprachliche Oberfläche einer Stadt, ihr *urban face*, und was kann man daraus schließen? Rodrigue Landry und Richard Y. Bourhis haben *linguistic landscapes* beschrieben als „the language of public road signs, advertising billboards, street names, place names, commercial shop signs, and public signs on government buildings combines to form the linguistic landscape of a given territory, region, or urban agglomeration“ (Landry & Bourhis 1997: 25).

Die Dokumentation der *linguistic landscapes* von Städten ist eine Aufgabe, der sich Diskursforscher in der Linguistik, Semiotik, Soziologie, Kulturgeographie, Stadtentwicklungsplanung gemeinsam stellen. Bislang standen dabei Ansätze der Mehrsprachigkeitsforschung im Zentrum, mit Hilfe derer untersucht wurde, in welchen Sprachen das öffentliche Leben einer multikulturellen Metropole stattfindet und welche Sprachen zusätzliche Präsenz markieren in allen denkbaren Formen und Medien semiotischer Repräsentation: „language texts that are present in public space“ (Gorter 2006: 1), wobei der Textbegriff hier weit zu fassen wäre und auch nicht verbale Texte einschlösse (Fotos, Schilder, Werbetafeln, Haltestellen, Hinweise, Straßennamen und -markierungen bis hin zu nicht unbedingt autorisierten Texten wie Graffiti, Transparenten, Gruppenabzeichen und dergleichen).

Durch die Materialität der Trägermedien gewinnen die Zeichen eine gewisse Autonomie von ihren Produzenten und Rezipienten (Adressaten, Konsumenten) und funktionieren ihrerseits in dynamischen Kontexten (cf. Backhaus 2007: 8). Damit rückt erneut die Räumlichkeit von Sprache in den Blick (s. Kap. 1), die in der Geolinguistik seit längerem thematisiert wird als „an integrative view of these multiple semiotic systems which together form the meaning which we call place“ (Scollon & Scollon 2003: 12). Bislang wird die Vielfalt der Zeichenkomplexe noch mit einfachen Einteilungen zu sortieren versucht (cf. Gorter 2006: 28; Androutsopoulos 2008/2020), meist nach dem Schema (i) *top down*: von staatlichen Behörden oder kirchlichen Institutionen angeordnete ‚amtliche' Zeichen (öffentliche Informationen, touristische Informationen, Ordnungshinweise, Gebots- und Verbotsschilder, Aushänge, Gemeindekästen etc.); (ii) *bottom up*: von privaten Unternehmen angebrachte ‚kommerzielle' Zeichen (Angebote von Dienstleistungen, Inserate von Geschäften, Tafeln von Restaurants, Werbeplakate, Schaufenster etc.); sowie (iii) *non authorized*: von meist anonymen Urhebern installierte ‚unerlaubte' Zeichen (Graffiti, Wand- und Straßenmalerei, Protesttransparente, Markierungen von Territorialansprüchen etc.).

Sprachgebrauch im öffentlichen Raum kann handlungsrelevante, ästhetische, indexikalische und symbolische Funktionen übernehmen, als Zeichen für Verhaltensaufforderungen (Verbote, Gebote, Anweisungen), für den künstlerischen Selbstausdruck der Zeichenproduzenten (und Repräsentanten unterschiedlicher Kulturen mit je eigenen ästhetischen Konventionen und Traditionen), für autopoietische Verweise auf sich selbst als Code (Indexzeichen für die fremde Kultur oder Sprachgemeinschaft, die sich an die Residenzgesellschaft wendet). Solche Zeichenkomplexe werden makrolinguistisch auf ihre spezifische soziokommunikative Funktion in den ethnographischen Kontexten untersucht, in denen sie figurieren, oder mikrolinguistisch im Hinblick auf ihre jeweilige innere Struktur hin (Lexeme, Kompositabildungen, Neologismen, Code-Kontaminationen, Varietäten, signifikante Deviationen: Barni & Bagna 2009: 135–137). Die Grenzen zwischen symbolisch-verbalen und ikonischnonverbalen Zeichen ist nicht immer scharf zu ziehen, weil es sich bei den Texten oft um multimodale Code-Komplexe handelt, in denen Schrift und Bild und Farbe kommunikative Funktionseinheiten bilden (cf. Malinowski 2009: 119).

3.3 Multikulturalität und Mehrsprachigkeit im Kollwitz-Kiez

Im Rahmen eines an der Universität Bern gemeinsam durchgeführten Exkursionsseminars zum Thema ‚Berlin als Text' haben Ingo Warnke und ich die Teilnehmer ermuntert, das methodische Instrumentarium des Ansatzes selbst anzuwenden und für ihre Erkundungen der ihnen fremden Stadt fruchtbar zu machen. Eine Studentin (Maria Hofmann) hat sich im Bezirk Prenzlauer Berg umgesehen und dort beispielhaft nur eine kurze Straße, die nach der Bildhauerin benannte Kollwitzstraße zwischen Senefelder Platz und Danziger Straße, mit dem Jüdischen Friedhof und dem Kollwitzplatz, genauer unter die Lupe genommen. Sie führt zentral durch das Mitte des 19. Jahrhunderts erbaute (und zu DDR-Zeiten ziemlich heruntergekommene) Arbeiterviertel, das sich nach ‚der Wende' rasch zu einem attraktiven Quartier mit zahlreichen Cafés, Kneipen, Bars, Galerien entwickelt hat und Stadtsoziologen als Paradebeispiel für Gentrifizierung dient (cf. Häussermann 2000: 57–66). Die zugezogenen ‚Besserverdienenden' aus dem Westen und dem Süden Deutschlands, aber auch aus Polen, Italien, Frankreich, Großbritannien, Russland, Vietnam, den USA oder der Schweiz, haben die Miet- und Immobilienpreise steil ansteigen lassen und den Charakter des Bezirks nachhaltig verändert.

Die Studentin hat alle Fassaden der Häuser fotografiert und die Bilder in ein vorzugsweise für Textanalysen genutztes Programm zur Qualitativen Datenanalyse (www.maxqda.de) eingegeben. Es erlaubt, die digitalen Fotos mit ‚Codings' zu versehen und sowohl quantitativ als auch qualitativ auszuwerten. Die Daten können in dem je nach Fragestellung angepassten Code-System im Hinblick auf verschiedene Aspekte markiert werden, die dann auch in Relation zueinander gesetzt werden können. Hier wurden z.B. Codes für die Sprachen Deutsch, Englisch, Italienisch, Französisch, Spanisch, Latein, Russisch, Portugiesisch, Griechisch und Finnisch vergeben, wobei großzügig zum Deutschen gerechnet wurde, was auch in neuere Ausgaben des *Duden* aufgenommen wurde (z.B. *premium, Latte Macchiato, Happy Hour, Cocktail, Bike, City Toilette, Charité, Location* oder *Security*, aber nicht Wörter wie *Brownie, Muffin* oder *Friend*, obwohl die auch von den Deutschen verstanden werden dürften). Als Text wurde gezählt, was sich auf einem abgrenzbaren Zeichenträger befand (Tafel, Plakat, Sticker, Wand etc.: 1033 Texte = 100 %). Die Ergebnisse der Recherchen zu dieser kleinen Fallstudie seien hier zur Veranschaulichung kurz zusammengefasst (zur ausführlichen Fassung einschließlich der von Maria Hoffmann beigesteuerten Diagramme, Tabellen und Abbildungen s. Hess-Lüttich 2015).

Manchmal hilft einfach nur zählen, wenn die Alteingesessenen sich von allzu vielen fremden Zungen umzüngelt wähnen. Die blanken Zahlen signalisieren eher Entwarnung. Zumindest in der Kollwitzstraße wird noch Deutsch gesprochen. Drei Viertel der gezählten 1033 Texte wurden in Deutsch geschrieben, einige in Englisch (18 %), nur wenige in Französisch und Italienisch (je 3 %) und noch weniger in anderen Sprachen (2 %).

Und die fast 200 englischen Texte auf nur einem kurzen Straßenstück? Der Blick aufs Detail relativiert den Befund. Die englischen Versatzstücke in der Sprache der Werbung und des Tourismus sowie die ins Deutsche integrierten Anglizismen entsprechen schlicht dem überwiegenden Sprachgebrauch im Alltag. Allenfalls kann ihr Anteil als Sozialindikator dafür dienen, inwieweit den Adressaten

(Konsumenten, Touristen) Kenntnisse fremder Sprachen – und *welcher* fremden Sprachen – zugetraut wird. Hier vermutet man Bildungsbürgertum mit Englischkenntnissen, die gerne auch mal französisch essen und die mediterrane Küche schätzen. In dem Geviert zwischen Neuköllner Sonnenallee und Karl-Marx-Straße (zum Beispiel) ist die Sprachenverteilung mit überwiegend türkischen und arabischen (und z.T. russischen) Texten eine völlig andere. Deshalb wäre es stadtsoziologisch und migrationspolitisch aufschlussreich, solche Straßenzüge mit solchen in anderen Quartieren textsemiotisch zu untersuchen, um frühzeitig Indikatoren von Veränderungen der sozialen Struktur der Bevölkerung auszumachen und ggfs. kommunalpolitisch proaktiv darauf zu reagieren.

Die (vergleichsweise wenigen) anderen Sprachen in der Kollwitzstraße entstammen demgegenüber meist der Gastronomie. Die spanischen, griechischen, portugiesischen Texte enthalten Namen von Gerichten, die den Hungrigen anlocken sollen, den es nach kulinarischer Abwechslung gelüstet. Fast 85 % der Ausdrücke in anderen Sprachen entfallen auf solche Funktionen: Speisen und Restaurantnamen. Prestigefunktionen haben die lateinischen Ausdrücke: ein Geschäft für Badeutensilien nennt sich „Aqua cultura“, ein Modegeschäft „Mutabilis“, eine physiotherapeutische Praxis „Corpus Libra“. Ein Schmuckladen hofft offenbar auf betuchtere Kundschaft aus der russischen Oligarchie oder Putinokratie und übersetzt das Schild ‚geschlossen‘ vorsorglich ins Russische. Gegen solche Clientèle, die oft als junge Investoren ihr in der Heimat schnell verdientes Geld im sicheren Ausland investieren und mit ihren Immobilienspekulationen den Kiez nachhaltig verändern, protestieren Anwohner mit ohnmächtigen Stickern an den Regenrinnen, die vor der endgültigen Yuppisierung (*yuppification*) warnen.

Nicht in allen Fällen konnten die Textcodierungen problemlos bestimmten Sprachen zugeordnet werden, zumal wenn die Urheber künstliche Produktnamen zitierten (*Tschibo*, *Häagen Dasz*) oder selbst etwas Phantasie darauf wendeten, ihre Ladenschilder als wohlklingende Neologismen oder individuelle Sprachmischformen zu inszenieren (*Cuffaro*, *Soledor*, *Xampaneria*, *Lafil*, *Mokambo*, *Tukadu*, *Mokum*, *Mathia*, *Duy Thai*, *Akelius*). Fremde Schriftsysteme (oder Anklänge daran) werden den Hinweisen zuweilen auch hinzugefügt, um einen Hauch Exotik zu erzeugen. Solche Texte zeugen nicht etwa von einem höheren Anteil von Ausländern im Bezirk, sondern allenfalls von Versuchen der Inszenierung einer gewissen Weltläufigkeit, soweit sie nicht ohnehin von der Funktion her definiert sind (85 % der französischen und italienischen Texte haben eine gastronomische Bedeutung). Nicht immer hat also die Wahl der Sprache in solchen Texten mit dem Ort ihres Vorkommens zu tun (cf. Shohamy & Gorter 2009: 110).

Aber wenn sie (wozu hier jetzt nicht der Raum ist) systematisch und empirisch in Bezug gesetzt werden zu Kontrastcorpora mit größeren Datenmengen aus anderen Bezirken (besonders aus den Migrantenvierteln), dann lassen sich, wie gesagt, aus solchen Befunden relevante soziosemiotische Schlüsse ziehen im Hinblick auf die Veränderungen von Milieus und die Zusammensetzung ihrer Bewohner. Die hier nur an einem kleinen Beispiel aus methodisch-didaktischem Interesse demonstrierten Ansätze zur Erkundung interkulturell vernetzter Sprachlandschaften in Großstädten können sich damit als fruchtbares zusätzliches Untersuchungsinstrument der Diskursforschung und der Stadtplanung erweisen (Schmitz 2018 a, b). Schließlich wäre auch ein transnationaler Vergleich solcher Ergebnisse aus deutschen Städten mit solchen aus *wirklichen* Metropolen (mit ihren *Chinatowns*,

Little Italy Districts, Jewish Quarters usw.) aufschlussreich. Im günstigsten Falle könnten Stadtplanung und Stadtentwicklungspolitik in Deutschland die Fehler der sich abschottenden Ghettoisierung vermeiden, im wahrscheinlicheren muss man – frei nach Winston Churchill – darauf hoffen, dass sie die richtige Lösung finden, nachdem sie alles andere ausprobiert haben.

4 Fremde in der Stadt? Anmerkungen zur Berliner Moschee-Debatte

4.1 Islam, Islamismus und die Berliner Muslime

Das Gegenstück zum ‚schwäbisch unterwanderten' Kollwitz-Kiez (wie der seinerzeitige Bundestagspräsident und Anwohner Wolfgang Thierse fürchtete) liefert das (in Kap. 3) erwähnte Quartier zwischen Sonnenallee und Karl-Marx-Straße in Neukölln, in dem manche Alt-Berliner Ureinwohner sich längst in den Nahen Osten versetzt wähnen. Als Bundesinnenminister Wolfgang Schäuble 2006 die erste Islamkonferenz eröffnete, konstatierte er lakonisch: „Der Islam ist Teil Deutschlands und Europas". Aber erst seit der damalige Bundespräsident Christian Wulff in seiner Rede am 03.10.2010 zum 20. Jahrestag der deutschen Einheit diesen Satz wieder aufgriff, ist die Aussage Gegenstand anhaltender öffentlicher Debatte (cf. Hess-Lüttich 2021). Dabei ist die Frage, ob der Islam nun zu Deutschland gehöre oder nicht, eigentlich falsch gestellt, weil sie immer wieder zu Missverständnissen darüber führt, was ‚der Islam' überhaupt sei, ob die Religion, ihre Riten und Rituale gemeint seien oder die Mitbürger, die ihren muslimischen Glauben praktizieren möchten, wie sie ihn jeweils verstehen. Angesichts der anhaltenden Zuwanderung von Menschen muslimischen Glaubens aus nahöstlichen und afrikanischen Kriegs- und Krisengebieten in den letzten Jahren heischt sie jedoch eine Antwort, weil sie sich im Zuge zunehmender Pluralisierung (und womöglich Polarisierung) der Gesellschaft nicht ohne weiteres von selbst erledigen wird, sofern und soweit muslimische, christliche und säkulare Rechts- und Werteordnungen auseinanderklaffen.

In ihrem Vorwort zu dem 2019 erschienenen Band *Der politische Islam gehört nicht zu Deutschland* plädieren die Herausgeber Carsten Linnemann und Winfried Bausback für die Differenzierung zwischen den verschiedenen Strömungen und Ausprägungen islamischer Glaubenspraxis einerseits und zwischen Islam, *politischem* Islam (Islamismus) und islamischem Fundamentalismus andererseits. Sie verweisen auf den jüngsten Bericht des deutschen Verfassungsschutzes, demzufolge sich hierzulande die Zahl der potentiell gewaltbereiten Salafisten zwischen 2012 und 2017 mehr als verdoppelt habe (> 11'000), und auf Studien der Universität Münster über Türkischstämmige in Deutschland, viele davon hier geboren und aufgewachsen, von denen „jeder zweite Befragte den Koran über unsere Rechtsordnung" stelle und jeder Dritte meine, „Muslime sollten eine Gesellschaftsordnung wie zu Zeiten Mohammeds anstreben" (Linnemann & Bausback 2019: 9). Die Frage, ob und inwieweit man hier von einer erfolgreichen Integration von muslimischen Immigranten sprechen kann, besonders bei solchen der zweiten und dritten Generation, stellen sich inzwischen auch viele andere Untersuchungen (cf. Abdel-Samad 2018; Mansour 2019).

Auch der Berliner Soziologe und Migrationsforscher Ruud Koopmans hält die Frage, ob der Islam zu Deutschland gehöre, für falsch gestellt, weil sie eine Prämisse enthalte, die Kritiker wie Befürworter implizit unterstellen, nämlich dass es ‚den Islam' gebe. Wenn die Kritiker die Frage verneinen und dies unter Hinweis auf Gewalt, Homophobie, Antisemitismus, Fundamentalismus begründen, verweisen die sie bejahenden Befürworter reflexartig auf die innere Heterogenität des Islams, von ‚dem Islam' könne man deshalb gar nicht reden. Woraus wohl folgt, dass ‚der Islam' dann auch nicht zu Deutschland gehören kann, es sei denn inklusive seiner salafistischen, fundamentalistischen, dschihadistischen Spielarten (Koopmans 2019: 11). Deshalb sei die Frage dahingehend zu präzisieren, welcher Islam zu uns gehören solle und welcher nicht. Dies aber hieße, nach dem real existierenden Islam zu fragen, nicht nach dem theoretisch möglichen. Das sei also keine *theologische* Aufgabe, sondern eine *empirische*. Diese gelte es auf mindestens drei Ebenen zu verfolgen, nämlich durch die Untersuchung (i) der realen Lage in islamischen Ländern, (ii) der Politik islamischer Verbände und Moscheevereine in Deutschland, (iii) der individuellen Auffassungen der in Deutschland lebenden Muslime, die in soziologischen Befragungen repräsentativ ermittelt werden sollten.

Knapp zusammengefasst: Von den derzeit 47 islamischen Ländern können zwei (4%) als leidlich demokratisch verfasst gelten (Senegal, Tunesien; gegenüber 57% der nicht-islamischen Länder); in 71% gibt es keine Pressefreiheit (gegenüber 36% der nicht-islamischen Länder); in 72% gibt es keine Trennung von Staat und Religion (gegenüber 19% der nicht-islamischen); von 24 Ländern, in denen Apostasie strafbar ist, sind 23 islamisch (in 13 davon steht darauf die Todesstrafe, in keinem nicht-islamischen); in 67% der islamischen Länder werden Frauen im Familienrecht diskriminiert (gegenüber 14% der nicht-islamischen Länder); auf der Rangliste ‚Frauenrechte‘ des *World Economic Forum* belegen islamische Länder 17 der letzten 20 Plätze; alle 12 Länder, in denen Homosexuellen die Todesstrafe droht, sind islamisch, auch in den meisten anderen islamischen Ländern ist Homosexualität illegal; bei den meisten bewaffneten Konflikten sind islamische Länder involviert (von 30 Bürgerkriegen 2015 gab es nur vier ohne muslimische Beteiligung: Burundi, Kolumbien, Südsudan, Ukraine). Der in islamischen Ländern ‚real existierende‘ Wertekanon unterscheidet sich demnach von dem in Deutschland und Europa heute geltenden diametral.

Dies gilt leider auch für die in Deutschland operierenden Organisationen, wie Koopmans anhand von kriegsverherrlichenden Predigten und fundamentalistischen Freitagsgebeten in den Moscheen nachweist, deren Wortlaut z.B. vom mitgliederstärksten Islamverband *DİTİB* zentral festgelegt wird, dessen Imame Türken und die Türkei meinen, wenn sie von ‚Landsleuten' und ‚Heimatliebe' sprechen. Der nach Mitgliederzahlen zweitgrößte Verband *İslâm Toplumu Millî Görüş* gilt als „Erdoğans politische Schule" und wird dem islamistischen Spektrum zugeordnet, weshalb er unter Beobachtung des Verfassungsschutzes steht (Hür 2018). Der in den Predigten und Schriften (wie *Millî Gazete*) offen propagierte Antisemitismus des Verbands wird im Bericht des Verfassungsschutzes belegt, der auch eine Reihe der im Zentralrat der Muslime in Deutschland organisierten Verbände unter Beobachtung gestellt hat, weil sie (wie die *Islamische Gemeinschaft in Deutschland*) Ableger der radikalislamischen Muslimbrüderschaft oder (wie das *Islamische Zentrum Hamburg*) Sprachrohr iranischer Fundamentalisten sind oder (wie die *Union der Türkisch-Islamischen Kulturvereine* in Europa, türk. *Avrupa Türk-İslam Birliği*, kurz *ATİB*) dem rechtsradikalen Nationalismus der türkischen Grauen Wölfe zugerechnet wird.

Einer im Rahmen des Berliner Wissenschaftszentrums für Sozialforschung (WZB) 2016 durchgeführten Untersuchung zufolge vertreten 69% der muslimischen Deutschtürken die Auffassung, der Islam sei allen anderen Religionen überlegen, 67% meinten, Bücher sollten verboten werden, wenn sie ihre religiösen Gefühle verletzen und für 62% gibt es nur eine ‚wahre' und für alle Gläubigen bindende Auslegung des Korans, 60% haben eine negative Meinung über

Anders- bzw. Ungläubige, 76% sind überzeugt, dass Israel oder die USA selber hinter den von islamistischen Terroristen verübten Anschlägen auf das *World Trade Center* und das *Pentagon* am 11. September 2001 steckten. Die Zahlen seien nahezu identisch mit den zeitgleich in der Türkei dazu erhobenen Daten. Bei Christen (auch solchen mit Migrationshintergrund) sei es demgegenüber heute nur noch eine Minderheit, die intolerante Glaubensauffassungen vertritt.

Wenn dagegen der *Liberal-Islamische Bund* zu einer Demonstration gegen islamistische Gewalt aufruft, dann kommen nur wenige, weil *DİTİB* und *ATİB* ihre Unterstützung versagen. Wenn die Anwältin und Imamin Seyran Ateş in der von ihr gegründeten *Ibn-Rushd-Goethe-Moschee* (s.u.) für einen pluralistisch-toleranten Islam wirbt, wird sie (z.B. durch das ägyptische Fatwa-Amt *Dar Al-Ifta*) der Häresie geziehen und erhält Morddrohungen (worauf in Abs. 4.3 zurückzukommen sein wird). Die kritische Wahrnehmung – auch die kritische Selbstwahrnehmung – des ‚real existierenden' Islam in Deutschland ist also weder Islamophobie noch Häresie, sondern die Voraussetzung für dessen Reform und Integration. Die Moschee-Debatte ist mithin eingebettet in die Islam-Debatte, die den diskursiven Rahmen für den anhaltenden Streit bietet, der sich an den Minaretten im Stadtbild (nicht nur Berlins) entzündet.

4.2 Das Minarett als Zeichen. Vom Funktionswandel eines religiösen Symbols

Seit der sog. Flüchtlingskrise 2015/16 ist die Moschee- und Minarett-Frage in manchen Ländern der Europäischen Union wieder aktuell, weil sich in ihr die Frage nach dem Verhältnis von Europa und dem Islam, zwischen den Einheimischen und den muslimischen Migranten exemplarisch kondensiert und ihren symbolischen Ausdruck findet. Während die Moschee mit ihrem Minarett für diese das in der Fremde „Angekommensein" repräsentiert als Zeichen ihrer religiösen Identität (Schmitt 2003: 359 ff.), gilt es für jene oft als Symbol der Macht und Ausdruck einer subversiven „Eroberungsstrategie" der Einwanderer (Köppel 2009). Der Konflikt entzündet sich meist schon an vermeintlich trivialen Fragen der Raumordnung und des Baurechts, wenn lokale Moscheevereine bei den zuständigen Behörden einen entsprechenden Bauantrag stellen. Obwohl in Deutschland die Glaubensfreiheit grundgesetzlich geschützt und die freie Religionsausübung gewährleistet ist (Art. 4 Abs. 1 + 2 GG), lösen solche Anträge schnell öffentliche Diskussionen aus, weil mit dem Bau das Fremde selbst sichtbar wird, näher rückt, eindringt ins heimisch Vertraute.

Die heutige Sensibilität gegenüber im säkularen Deutschland errichteten Moscheen als islamischen Sakralbauten, zu denen das Minarett gehört wie der Kirchturm zur christlichen Kirche, hat sich historisch innerhalb der letzten hundert Jahre entwickelt. Noch im 19. Jahrhundert erfreute man sich an einer Moschee als architektur-ästhetischem Zitat, wenn etwa ein Pumpwerk im Park Sanssouci als eine solche inszeniert wurde oder wenn sie den Schwetzinger Schlossgarten schmückte (cf. Beinhauer-Köhler & Leggewie 2009: 16 f.).

Zu Gebetszwecken wurde in Deutschland eine Moschee erst 1915 errichtet, im Ersten Weltkrieg für muslimische Kriegsgefangene aus der alliierten Armee im Halbmondlager Wünsdorf bei Zossen in Brandenburg. Aber schon sieben Jahre später wurde der erste muslimische Verein gegründet, die *Islamische Gemeinde zu Berlin e.V.*; 1924 baute die aus Indien stammende Glaubensgemeinschaft *Lahore Ahmadiyya* Bewegung dann die erste richtige Moschee, die bis heute in Wilmersdorf steht.

Weitere Moscheen wurden nach dem Zweiten Weltkrieg in Hamburg (*Fazle-Omar-* und *Imam-Ali-Moschee*) und in Aachen (*Bilal-Moschee*) errichtet (Beinhauer-Köhler & Leggewie 2009: 30 f.). Erst mit der Zunahme der Arbeitsmigration in den 70er und 80er Jahren wuchs auch der Bedarf an Gebetsräumen und es kam im Zuge der Selbstorganisation muslimischer Gemeinden zu der Gründung von Dachverbänden wie dem erwähnten Verein *Diyanet İşleri Türk İslam Birliği* (*DİTİB*) unter der Aufsicht der türkischen Religionsbehörde (1984), dem *Islamrat* (1986) oder dem *Zentralrat der Muslime in Deutschland* (1994), die sich gemeinsam mit dem *Verband der islamischen Kulturzentren* (ViKz) 2007 zum *Koordinationsrat der Muslime* zusammenschlossen und damit wesentlich zur Institutionalisierung des Islams in Deutschland und damit zu dessen öffentlicher Sichtbarkeit beitrugen (cf. Bernhardt & Fürlinger 1015; Schareika 2016). Mit der zunehmenden optischen Präsenz der islamischen Religion in der deutschen Öffentlichkeit stieg zugleich die Skepsis der Nicht-Muslime und ihre Angst vor der Bildung von Parallelgesellschaften, eine Skepsis, die sich in den Konflikten um den Neubau immer weiterer Moscheen ein Ventil suchte und prominenten Autoren wie Thilo Sarrazin (*Deutschland schafft sich ab*) oder Ralph Giordano (*Erinnerungen eines Davongekommenen*) auch in den Feuilletons der bürgerlich-liberalen Medien öffentliche Resonanz verschaffte. Es gehört zu den vermeintlichen Paradoxien dieser Debatte, dass sich die islamophoben Pamphlete und Programme der AfD („Der Islam gehört nicht zu Deutschland") oder der Pegida-Bewegung auf Autoren berufen, die sich früher einmal auf der anderen Seite des politischen Spektrums engagiert haben, Sarrazin als Sozialdemokrat, Giordano als kritischer Journalist, der vor dem Hintergrund seiner biographischen Erfahrung der Shoah nicht müde wurde, sich in Wort und Schrift glaubhaft gegen jede Form des Rechtsextremismus einzusetzen.

In zahlreichen Artikeln und Interviews nahm Giordano gegen den geplanten Bau einer zentralen DİTİB-Moschee in Köln-Ehrenfeld Stellung, rief sogar zum Baustopp auf (Giordano 2008: 37):

> Stoppen Sie diesen Bau, der kein Ausdruck muslimischen Integrationswillens ist, sondern ein Zentrum integrationsfeindlicher Identitätsbewahrung, das Symbol eines Angriffs auf unsere demokratischen Lebensformen, ein Anspruch auf Macht und Einfluss.

Verhindern konnte er ihn nicht. Mit seinem wortgewaltigen Engagement riskierte er Beifall von der falschen Seite (etwa von der rechtsradikalen Partei *Pro Köln*), was wiederum scharfe Kritik von der Gegenseite auslöste, durch die der ausgewiesen antifaschistische und sozial-liberale Autor sich unversehens in eine politisch ‚rechte Ecke' gestellt sah, aber auch Zustimmung erntete von bekannten Publizisten (wie Lea Rosh), Sozialwissenschaftlern (wie Hartmut Krauss) und kritischen Muslimen (wie der Soziologin Necla Kelek). Die als „Moscheestreit" (Sommerfeld ed. 2008) berühmt gewordene Diskussion zog sich in den Medien über die gesamte Planungsphase, Bauverzögerungen und gerichtlichen Auseinandersetzungen bis zur Eröffnung der im September 2018 hin. Architektonisch gilt der Entwurf von Gottfried und Paul Böhm durchaus als gelungen, eine hohe durchbrochene Kuppel (als Symbol für Weltoffenheit) wird von schlanken 55 Meter hohen Minaretten überragt.

Der Schaukampf um das Minarett (und in der Schweiz um dessen Verbot, das nach erfolgreichem Referendum mittlerweile in der Verfassung verankert ist: cf. Hess-Lüttich 2017; zur Kontroverse in Österreich s. Fürlinger 2015) wird zu einem weiteren Symbol der Auseinandersetzung auf einem ganz anderen Spielfeld: nämlich der Verteidigung der emanzipatorischen Werte der europäischen Aufklärung mit ihren umfassenden Rechtsfolgen sowohl gegen die religiös motivierten Gläubigen (gleich welcher Branche), die sich im Besitze ihrer unteilbaren Wahrheit wähnen, als auch gegen die politisch motivierten Aktivisten des populistischen Konservativismus, die sich auf ihre unwiderlegbare Erfahrung und den tabubewehrten Anspruch der Tradition berufen. Vier Hauptargumente stehen einander dabei unversöhnlich gegenüber: (i) Minarette seien Machtsymbole der Muslime, die in Deutschland (ähnlich argumentiert die rechtspopulistische Schweizer Volkspartei SVP) die Scharia gegen die bestehende Rechtsordnung durchsetzen wollten; (ii) beide Rechtsordnungen könnten nicht nebeneinander bestehen; (iii) Minarette würden von fundamentalistischen Gruppen im Ausland finanziert und unterminierten den Religionsfrieden; (iv) muslimische Länder ließen Religionsfreiheit vermissen. Diesen Argumenten wird von liberalen Juristen entgegengehalten, dass (i) unsere Rechtsordnung durch ein paar Minarette nicht ernsthaft bedroht werde; dass (ii) Minarette geltendes Recht nicht außer Kraft setzten, das den Primat des säkularen Staates gegenüber allen Religionsgemeinschaften garantiere, aber eben auch die Religionsfreiheit; dass (iii) die Finanzierung von Minaretten keine Rolle spiele, sofern und soweit sie rechtmäßig und transparent sei; dass (iv) die Verletzung des Grundsatzes der Religionsfreiheit anderswo nicht dessen Suspension im eigenen Lande rechtfertige.

Fundamentalisten und Populisten, ergänzt der marxistische slowenische Kulturphilosoph Slavoj Žižek in der Hamburger Wochenzeitschrift *Die Zeit* (16 v. 07.04.16: 45), spielten im Grunde auf derselben Seite des Feldes. Mögen sie beide nicht gewinnen, aber auch nicht unberechtigt scheint die verbreitete Sorge, dass die Werte westlicher Demokratien zur Disposition stehen können, wenn rechten oder linken Ideologien, religiösen Fundamentalismen oder abstrusen Verschwörungsmythen unter Berufung auf die Freiheit der Meinung immer mehr Raum gegeben wird, bis sich eben diese Meinungsfreiheit unversehens verflüchtigt hat. In der Schweiz jedenfalls stieß die Initiative der SVP mit ihren xenophoben Plakatkampagnen gegen den weiteren Bau von Moscheen aufgrund dieser Sorge auf fruchtbaren Boden.

4.3 Die Moschee-Debatte hält an

Auch in Deutschland wird die Minarett-Debatte in dem Maße mit anhaltender, ja zunehmender Heftigkeit geführt, in dem die Zahl der Moscheen zunimmt. Diese Zahl ist übrigens bislang immer noch nicht exakt zu ermitteln, sie variiert von Quelle zu Quelle. Einer Umfrage der *Zeit* zufolge waren es schon 2016 ca. 2'750 (*Die Zeit* 30 v. 14.07.2016), inzwischen wird die Zahl auf etwa 3000 geschätzt, aber eine valide Statistik wird darüber nicht geführt. Genauere Hinweise mit zahlreichen Belegen liefern jedoch die Wissenschaftlichen Dienste des Deutschen Bundestages (Bundestag 2020), die allein für Berlin 72 Moscheen aufführen (von denen 12 dem DİTİB und 7 dem ViKz zuzuordnen seien). Aber während sich die Zahl der Moscheen immerhin grob schätzen lässt, wissen wir leider immer noch zu wenig über die in den Moscheen verkündeten Botschaften. Laut Berichten des Verfassungsschutzes sind die kriegsverherrlichenden Predigten und fundamentalistischen Freitagsgebete in den Moscheen nicht etwa Einzelfälle, sondern entsprechen den vom DİTİB vorgegebenen Richtlinien, denen die türkischen Imame auch dann wortgetreu folgen, wenn sie in ihren Predigten offen zu Antisemitismus und Abgrenzung zur säkularen Residenzgesellschaft aufrufen (Schreiber 2017; Wagner 2018).

Hier und da wurden auch christliche Gotteshäuser islamisch umgewidmet. Dass Kirchen heute als Moscheen genutzt werden, ist eigentlich nicht neu; die Entwicklung entspricht dem sinkenden Bedarf auf der einen Seite und dem steigenden auf der anderen. Aber als im Sommer 2020 die Nachricht von der Umwidmung der *Hagia Sophia* vom Museum zur Moschee durch die Medien geht, spaltet sie (wie schon die türkische Präsidentenwahl) den muslimischen Teil der deutschen Bevölkerung erneut: Die einen bejubeln sie als Symbol islamischer Stärke, die anderen fürchten sie als Ausdruck wachsender Intoleranz gegenüber Andersgläubigen; die einen feiern Erdoğan als furchtlosen Kämpfer für die Freiheit ihrer Religion im Lande der Ungläubigen, für die anderen belebt er einen schon überwunden geglaubten Religionskonflikt, mit dem er lediglich von seinem Versagen in der Außen- und Wirtschaftspolitik ablenken wolle. Immerhin hält die Mehrheit der deutschen Muslime den Schritt schlicht für unnötig, weil er keines der bestehenden Probleme löse und die multiplen Konflikte in Krisen-Zeiten von Corona, Kriegen und Migration nur verschärfe.

Auch deshalb hält in den deutschen Metropolen und im Spiegel der Presse die Moschee-Debatte unvermindert an, und es steht nach den periodisch wiederkehrenden religiös motivierten Anschlägen durch radikale Muslime kaum zu erwarten, dass die öffentliche Diskussion um die wachsenden Moscheegemeinden in Deutschland so schnell zum Erliegen kommen wird. Repräsentanten eines moderaten Islams wie Tarek Mohamad und Lamya Kaddor hatten unter dem Motto „Nicht mit uns!“ z.B. am 17.06.2017 zu einer Demonstration in Köln aufgerufen, um ein Zeichen gegen den täglichen Terror in islamischem Namen zu setzen. Die Veranstalter rechneten mit ca. 10'000 Demonstranten – es kamen einige hundert, also weniger als 0,003 % der in Deutschland lebenden fünf Millionen Muslime. Das war dann auch ein Zeichen, freilich nicht ganz im Sinne der Veranstalter. Alle großen deutschen Islamverbände hatten hier ebenso zum Boykott aufgerufen wie kurz darauf bei einem weiteren Versuch in Berlin. An der dortigen Demonstration gegen islamistischen Terror, nicht weit vom Ort des letzten Anschlags von Anis Amri auf den Berliner Weihnachtsmarkt, nahmen kaum 100 Leute teil – in bemerkenswertem Kontrast zum alljährlichen *Al-Quds*-Marsch mit seinen antisemitischen Parolen, der locker zehnmal mehr Teilnehmer aufbietet. Die Kommentare in den Medien waren entsprechend, zumal die Erinnerung an die massive Propaganda der Islamverbände und Moscheegemeinden für die Abstimmung über die sog. Verfassungsreform in der Türkei noch frisch war, bei der die Mehrheit der die demokratischen Freiheiten genießenden Türken in Deutschland für deren Abschaffung in ihrem Herkunftsland votierte.

Fast gleichzeitig mit der fehlgeschlagenen Kölner Demonstration eröffnete (im Juni 2017) die nach eigenem Bekunden gläubige Muslimin und bekannte Rechtsanwältin Seyran Ateş in Berlin (im Bezirk Moabit) die oben erwähnte von ihr initiierte und gemeinsam mit dem Freiburger Islamwissenschaftler Abdel-Hakim Ourghi begründete *Ibn-Rushd-Goethe-Moschee*, in der nicht nur alle Konfessionen des Islams, sondern auch Nicht-Muslime und sogar Agnostiker oder Atheisten willkommen sind, in der Männer und Frauen gemeinsam beten können, in der Homosexuelle nicht bedroht und diffamiert werden, in der Frauen auch Gebete leiten dürfen – ganz im Geiste der Sure 2, Vers 256 des

Korans: „In der Religion gibt es keinen Zwang“ (cf. Ateş in *Die Zeit* 25 v. 14.06.2017: 54).

Die Reaktion folgt auf dem Fuße. Die Kairoer Al-Azhar Universität verhängt sofort eine Fatwa gegen diese und alle etwaigen weitere ‚liberalen Moscheen‘. Der türkische Präsident und seine gleichgeschalteten Medien vermuten wie immer die Gülen-Bewegung dahinter und etikettieren damit die liberalen Muslime als Terroristen. Die türkische Religionsbehörde *Diyanet* wütet gegen die „unislamische“ Moschee und gibt deren Initiatoren damit zum Abschuss frei. Die bekommen seither täglich Morddrohungen und stehen unter Polizeischutz. Die Hasskommentare in den Netzwerken kommen nicht etwa nur von radikalen Salafisten, sondern aus der Mitte der Moscheegemeinden, die zugleich ihr Mantra zu wiederholen nicht müde werden, Islam bedeute ‚Frieden‘ und habe mit dem in seinem Namen wütenden Terror nichts zu tun (cf. Evelyn Finger in *Die Zeit* 26. v. 22.06.17: 56). Der mühsame Weg zu einem gemäßigten Euro-Islam ist offensichtlich noch lang. Und so lange wird die europäische Moschee-Debatte weiterhin kontrovers geführt werden. Die Nobelpreisträgerin Herta Müller weiß, wovon sie (im Interview mit der *Welt* v. 05.03.2015) spricht, wenn sie beim Dialog mit Fundamentalisten wie bei dem mit Diktatoren dafür plädiert, ihn ohne Illusionen zu führen (Müller 2015):

> Als ich nach Deutschland kam, hörte ich hier immer wieder die gut gemeinte Überzeugung, man müsse nur lange genug miteinander reden und sich immer wieder zusammensetzen, und dann werde alles gut. Und es gibt hierzulande auch noch die Auffassung: ‚Solange gesprochen wird, wird nicht geschossen.‘ Als würde das eine das andere ausschließen.

5 Diskursformen des Erinnerns: ‚Stolpersteine' als Zeichen urbaner Memorialkultur

Das Geheimnis der Erlösung ist die Erinnerung (Talmud)

5.1 Das Demnig-Projekt

Im Norden des Berliner Bezirks Schöneberg grenzt das Quartier, in dem ich lebe, an das einst von Salomon Haberland errichtete Bayerische Viertel, dessen Eleganz wohlhabende jüdische Bürger anzog und das bald die „Jüdische Schweiz" genannt wurde. An vielen Häusern erinnern Gedenktafeln an einstige Bewohner wie Albert Einstein, Alfred Kerr, Arno Holz, Eduard Bernstein, Erich Fromm, Gottfried Benn, Emanuel Lasker, Kurt Pinthus, Rudolf Breitscheid, Erwin Piscator und Inge Deutschkron, Marcel Reich-Ranicki, Gisèle Freund, Billy Wilder (damals Samuel Wilder). Auch in dem Hause, in dem ich wohne, lebten, wie ich in einer gemeinsam mit Nachbarn durchgeführten Recherche herausfand, einige Frauen jüdischen Glaubens, die zwischen 1942 und 1944 nach Theresienstadt und nach Auschwitz deportiert und ermordet wurden. An sie wollten wir mit Stolpersteinen erinnern. Die Recherche motivierte mich zu einer genaueren Auseinandersetzung mit diesem bis heute kontrovers diskutierten Kunstprojekt, über das ich hier kurz berichten will.

Vor 30 Jahren entwickelt der 1947 in Berlin geborene Bildhauer und politisch engagierte Aktionskünstler Gunter Demnig gemeinsam mit dem Verein *Rom*, der die Interessen von Sinti und Roma in Deutschland vertritt, die Idee zu einer Kunstaktion, die an die Opfer des Holocaust erinnern soll.

Das Projekt „Mai 1940 – 1000 Roma und Sinti" markiert 1990 den Weg, den genau 50 Jahre zuvor die deportierten Opfer durch Köln nahmen. Am 16. Dezember 1992 verlegt Demnig vor dem Historischen Rathaus zu Köln einen Pflasterstein, auf dem der Deportationsbefehl Himmlers eingraviert ist. Wiederum zwei Jahre später fertigt er 230 Steine, die auch an andere Nazi-Opfer erinnern: Juden, Kommunisten, Sozialdemokraten, Homosexuelle, Kranke und Behinderte. Sie werden später – ohne amtliche Genehmigung und nahezu ohne öffentliche Resonanz – im Kölner Griechenmarktviertel, in Köln-Ehrenfeld und in Berlin verlegt. Die Aktion wird von den zuständigen Behörden (es handelt sich bei den Orten um öffentlichen Grund, daher ist die Verlegung in jedem einzelnen Falle amtlich genehmigungspflichtig) erst im Nachhinein legalisiert und markiert den Auftakt zu der beispiellosen Erfolgsgeschichte eines politischen Kunst-Projekts im öffentlichen Raum, das als „work in progress" bis heute nicht abgeschlossen ist (Endlich 2002: 31), sondern immer noch „wächst und wächst" (Leimstoll 2008: 12). Heute [2020] ist es mit über 75'000 Stolpersteinen in bald 1300 Kommunen Deutschlands und in über 25 Ländern Europas das größte dezentrale Mahnmal der Welt – und Gegenstand anhaltender Debatten. Immer wieder und neuerdings wieder zunehmend kommt es zu Beschädigungen der Steine durch rechtsextreme Täter, in Berlin und anderswo werden sie zuweilen aus dem Boden gerissen und gestohlen (Langowski 2017).

Es sind freilich nicht die Unbelehrbaren und Stumpfsinnigen allein, die gegen diese Form des Gedenkens protestieren, nicht nur die Nazis und Holocaust-Leugner der NPD oder die rechten Netzwerke der AfD und ihre Satelliten-Organisationen, die gegen die Verlegung der Steine hetzen. Der Streit entzweit manchmal auch die Verbände der

Betroffenen selbst. Die innerhalb der jüdischen Gemeinde umstrittene Entscheidung der Münchner Stadtverwaltung *gegen* die Verlegung, mit der sie sich über die von engagierten Juden der Stadt (wie dem Journalisten und Publizisten Terry Swartzberg) gesammelten 100'000 Unterschriften hinwegsetzte, zollte der prominentesten Repräsentantin der örtlichen Jüdischen Gemeinde Respekt: Charlotte Knobloch, die ehemalige Präsidentin des Zentralrats der Juden in Deutschland, Vizepräsidentin des Europäischen Jüdischen Kongresses und Vizepräsidentin des Jüdischen Weltkongresses, hatte gegen die Steine Stellung bezogen. Ihr war (und ist) die Vorstellung unerträglich, dass da „die Namen von Holocaustopfern zu Füßen der Menschen angebracht werden", das Judentum verbiete es, über die Toten zu laufen (cf. Benyahia-Kouider 2005: „[...] la religion juive interdit que l'on marche sur les mort"), „die Steine werden [...] mit Füßen getreten, beschmiert, mit Exkrementen von Hunden beschmutzt, geklaut, beschädigt" (zit. n. Jessen 2014: 2).

Salomon Korn, der damalige Vizepräsident des Zentralrats der Juden in Deutschland, widersprach: Die Steine seien einzigartige Zeichen individualisierten Gedenkens am einstigen Wohnort der Opfer: „Hier wohnte ...". Nicht zentral, monumental, anonym, zum Ritual erstarrt, sondern überall, mitten unter uns, „Hier wohnte" ein Nachbar, Mitbürger, Freund, Verwandter vielleicht, Zeichen an authentischem Ort, bezeugt durch Quellen und Recherche, „Hinweise auf die verlorene, mutwillig zerstörte ‚Normalität' einstigen Zusammenlebens jüdischer und nicht jüdischer Deutscher" (Korn 2014: 4). Die Metapher von den Steinen, die man „mit Füßen trete" nimmt er auf und ergänzt das Bild: Er hat den Vorübergehenden vor Augen, der, des blinkenden Zeichens gewahr werdend, kurz stutzt, sich herabbeugt, um die Schrift zu entziffern, „Hier wohnte ...", sich verbeugt gleichsam vor dem Namen, den er dort eingraviert findet. Die ‚Verbeugung‘ mitten auf dem Gehweg macht andere Passanten aufmerksam, einige treten hinzu, neugierig, was es da zu sehen gebe, und tun es dem ersten Betrachter gleich (cf. Endlich 2002: 32). Die Metapher sei also doppelt wirksam, denn jedes Mal, wenn Stolpersteine buchstäblich ‚mit Füßen getreten‘ werden, verweisen sie auf jene, die einst als rechtlose ‚Untermenschen‘ von selbst ernannten ‚Herrenmenschen‘ mit Füßen getreten wurden und sie rufen eben dies zurück ins *hic et nunc* unseres Alltags. Deshalb gehörten sie, meint der Berliner Rechtsanwalt und Publizist Sergey Lagodinsky, nicht nur in die Ghettos der Gedenkstätten, sondern überall hin: „Wenn wir nicht auf jüdische Opfer [also die Steine als ihr Zeichen] treten dürften, müssten wir alle fliegen: Der deutsche Boden ist mit jüdischen Namen übersät“ (Lagodinsky 2015).

5.2 Steine als Zeichen

Das Rathaus Schöneberg beherbergt eine Ausstellung, die den Titel trägt „Wir waren Nachbarn“. Der Besucher nimmt Platz an langen Tischen, wie in einem alten Lesesaal, beugt sich unter Leselampen über die dort ausgelegten Alben mit Namen, auf kleinen Karteikarten handschriftlich vermerkt, er trifft auf ihm geläufige wie die oben genannten und ihm gänzlich unbekannte, mehr als 6000, die in der kurzen Zeit, die 1000 Jahre währen sollte, *allein aus diesem Bezirk* deportiert, vertrieben, ermordet wurden (von 66’000 Juden, die 1941 noch in Berlin lebten, haben nur 7’000 überlebt). Ihrer gedenken die polierten Steine im Pflaster vor ihren ehemaligen Wohnhäusern, über die man im Vorübergehen ‚stolpern‘ soll, Gedenk-Steine als Denk-Impulse, in ihrer anti-monumentalen Summe ein ‚Gegen-Denkmal‘

(Endlich 2002: 29), ein ‚Denkmal von unten' (Reinhardt 2009), Denk-Male als Wund-Male einer in ihrer kulturellen Gedächtnisgeschichte zutiefst verletzten Nation, zu deren Staatsraison der kategorische Imperativ des ‚Nie wieder!' gehört und die Pflicht, das Wissen über die Schuld und Verantwortung der Deutschen zu mehren, wachzuhalten, weiterzugeben an die Jungen, die „kein erkennbares kollektives Interesse mehr haben an konfrontativer Identitätspolitik im Medium der Nationalsozialismus" (cf. Schmid 2009: 31; id. 2010: 8). Dieses bescheidene, dezentrale Denkmal ergänzt die großen Stätten des Gedenkens, die in Berlin errichtet wurden, das 2005 eröffnete monumentale Denkmal für die ermordeten Juden Europas am Brandenburger Tor, das Martin Walser einen „fußballfeldgroßen Alptraum" nannte und der (gerichtsnotorisch beglaubigte Faschist) Björn Höcke ein „Denkmal der Schande", das 2008 errichtete für die ermordeten Homosexuellen im Tiergarten, das den 1989 am Eingang zum Schöneberger Regenbogenquartier am U-Bahnhof Nollendorfplatz angebrachten Gedenkstein in Form des Rosa Winkels ergänzt, das erst 2012 eingeweihte für die ermordeten Sinti und Roma südlich des Reichstags und weitere drei Dutzend Gedenkstätten allein in Berlin, darunter auch solche für Trümmerfrauen und Zahnärzte, aber keines für die ermordeten Afrikaner.

Zu ihnen gehört Mahjub Bin Adam Mohamed, der, 1904 in der damaligen Kaiserstraße zu Daressalam geboren, von 1929 bis zu seiner Verhaftung wegen ‚Rassenschande' 1941 unter dem Namen Bayume Mohamed Husen (eingedeutscht für Hussein) in Berlin lebte und dort unter anderem am Seminar für orientalische Sprachen seine Muttersprache Swahili unterrichtete und als Schauspieler in mindestens 23 Spielfilmen mitwirkte (cf. Breiter 2002). An seinem Schicksal bestand im Nachkriegsdeutschland kein Interesse, er wurde wie so viele namenlose Opfer des Rassenwahns der Nazis vergessen. Erst 2007 wurde sein Name einer breiteren Öffentlichkeit wieder bekannt, als Marianne Bechhaus-Gerst in ihrem Buch *Treu bis in den Tod* seine Lebensgeschichte nachzeichnete. Noch im selben Jahr verlegte Gunter Demnig vor seinem ehemaligen Wohnhaus in der Brunnenstraße, in der auch die Synagoge Beth-Zion liegt, den kleinen Stein im Standardformat von 10x10x10 cm zu seinem Gedenken.

Solche Kunstwerke, die den herkömmlichen Denkmalbegriff gleichsam unterlaufen, nennt James E. Young (1993: 39) ‚Antidenkmale'. Wenn authentische Orte auf diese Weise ‚zum Sprechen gebracht' werden, können daraus räumlich-ästhetische Rekonstruktionskonzepte entstehen. Die ‚Bibliothek' auf dem Bebelplatz zwischen Staatsoper, Kronprinzenpalais und Berliner Schloss wäre dafür ein anderes Beispiel: der über den Platz eilende Fußgänger tritt unversehens auf eine in das Pflaster eingelassene Glasplatte, stutzt, hält inne, sieht unter sich in einen kahlen asch-weiß getünchten Raum hinein, dessen Wände von leeren Bücherregalen gesäumt werden. Die Leere erinnert an das Verschwinden von Kultur. 20'000 Bücher der kritischen, jüdischen, linken oder den neuen Machthabern sonst irgendwie missliebigen Autoren (wie Heine, Feuchtwanger, die Manns, Kästner, Hirschfeld) wurden gleich zum Auftakt der Nazidiktatur von den Braunhemden verbrannt – und das war bekanntlich „ein Vorspiel nur, dort wo man Bücher verbrennt, verbrennt man auch am Ende Menschen" (Heinrich Heine, *Almansor*, Vers 243 f.). So wird moderne Denkmalkunst in den öffentlich-urbanen Raum und damit den alltäglichen Bewegungsraum der Menschen eingebettet. Der Platz oder der Bürgersteig wird zum Text. Er liefert dem Flaneur, den Passanten nicht die fertige Lösung, sondern den Impuls zur eigenen Interpretation (Schlusche 2006: 123).

Gegen die Anonymisierung und Heroisierung des Todes setzen die Zeichen des Ortes und die Namen der Opfer dessen Individualisierung und Personalisierung – oder, wie Demnig über seine Arbeit sagt (*Stolpersteine* 2007: 37) sagt:

> Für mich ist es immer noch eine große Erschütterung, jedes Mal, wenn ich Buchstabe für Buchstabe einzeln einschlage. Das gehört aber für mich mit zu dem Projekt, weil ich mir so immer wieder darüber bewusst werde, dass es sich um einen Menschen, einen einzigartigen Menschen handelt, um den es geht. Das waren Kinder, das waren Männer, Frauen, Nachbarn, Schulkameraden, Freundinnen, Kollegen ... Und bei jedem Namen entsteht so eine Vorstellung in mir. Und dann gehe ich auch an den Ort, in die Straße, vor das Haus. Da rückt es noch einmal näher an einen heran. Es ist schmerzhaft, den *Stolperstein* zu legen, aber es ist auch gut, weil da etwas zurückkehrt ... wenigstens die Erinnerung [Hervorh. im Orig. als Majuskel].

Die Widerstände gegen die Verlegung sind nicht selten erheblich. Hausbesitzer wollen oft nichts davon wissen, Anwohner mögen nicht sich erinnern oder daran erinnert werden, wie jüdische, schwarze, schwule und andere Nachbarn leise aus ihrer Straße verschwanden. Manche fürchten Anschläge von Neo-Nazis (cf. Leimstoll 2008), andere eine vermeintliche Stigmatisierung ihres Hauses und seiner Bewohner (*Stolpersteine* 2007: 55). Der kollektiven Amnesie setzen die Steine historische Fakten entgegen, aber eben nicht in der offiziellen Form des rituellen Gedenkens, die Martin Walser (in seiner berühmt-berüchtigten Rede zur Verleihung des Friedenspreises des Deutschen Buchhandels 1998 in der Paulskirche) als das Schwingen der „Moralkeule Auschwitz" empfand und dabei (was er später nicht ohne Scham bekannte) auf klammheimliches Einverständnis hoffen oder gar mit beifälliger Zustimmung rechnen durfte, sondern durch gleichsam zufällige Wahrnehmung, die Aufmerksamkeit heischt. Man kann aber auch aktiv wegschauen, wenn man nicht sehen will.

Die heftige Mediendebatte, die Martin Walsers Rede seinerzeit auslöste (dokumentiert in Schirrmacher ed. 1999, Klotz & Wiegel eds. 1999, Brumlik et al. eds. 2000), gewinnt angesichts der antisemitischen *Hate Speech* in den *Social Media* neue Aktualität (Schwarz-Friesel 2019; Fielitz & Marcks 2020): Sie setzt die Frage nach einer angemessenen ‚Sprache der Erinnerung' immer wieder auf die Agenda. Walser gehört keineswegs zu denen, die die Verbrechen der Nazi-Täter leugnen, verdrängen, relativieren, historisieren wollen, aber, sagt er in der zentralen Passage seiner Paulskirchenrede, „[...] wenn mir aber jeden Tag in den Medien diese Vergangenheit vorgehalten wird, merke ich, dass sich in mir etwas gegen diese Dauerpräsentation unserer Schande wehrt" (Walser 1998: 11):

> Anstatt dankbar zu sein für die unaufhörliche Präsentation unserer Schande, fange ich an wegzuschauen. Wenn ich merke, dass sich in mir etwas dagegen wehrt, versuche ich, die Vorhaltung unserer Schande auf Motive hin abzuhören und bin fast froh, wenn ich glaube, entdecken zu können, dass öfter nicht mehr das Gedenken, das Nichtvergessendürfen das Motiv ist, sondern die Instrumentalisierung unserer Schande zu gegenwärtigen Zwecken.

Dagegen will das Projekt *Stolpersteine* ‚Zeichen setzen', ‚Zeichen wider das Vergessen', die Steine sind ‚Mahn-Zeichen', ‚Zeichen der Erinnerungskultur' (cf. Demnig 2020), sie machen das Verborgene sichtbar, sie holen für die Jüngeren wieder ans Licht, was manche der Älteren im Dunkeln lassen wollen, sie sind Wegweiser durch die Geschichte ehemaliger jüdischer Stadtquartiere wie das Bayerische Viertel in

Schöneberg. Für überlebende Angehörige sind sie zugleich Symbole des Widerstands gegen den Versuch der Nazis, mit der physischen Vernichtung der Opfer zugleich auch jede Erinnerung an jene auszulöschen, denen man ihren Namen nahm und sie mit Nummern im Wortsinne ‚brandmarkte', sie figurieren als Ersatz der verweigerten Grabsteine, jeder einzelne Stein steht symbolisch sowohl für das namentlich bezeichnete Individuum als auch für die Gesamtheit der Opfer, sagt der Künstler im Gespräch (Franke 2002: 14), „denn alle eigentlich nötigen Steine kann man nicht verlegen." Will man auch nicht, denn Demnig will sie nicht am Fließband produzieren im Respekt vor der Einzigartigkeit eines jeden Schicksals, jeder Stein soll einzeln sorgsam in Handarbeit gefertigt, behauen, mit Messing bezogen, beschriftet werden (cf. Avidan 2008).

Ihre Beschriftung mit Namen, Jahreszahl (Geburts- und Todesjahr) und Todesort ist die Metonymie einer Biographie, Symbol der Biographien von Millionen. Gemeinsam bilden sie ein Netz von Verweisungen, ihrerseits verflochten wiederum mit all den anderen Zeichen des Erinnerns an das NS-Verbrechen, und bei aller Bescheidenheit und Schwäche des einzelnen Zeichenträgers werden sie in ihrer Gesamtheit Teil der Kollektivpsyche und entfalten ihre eigentümliche Kraft (cf. Endlich 2002: 31; *Stolpersteine* 2007: 57).

Sie wirken subversiv gegen den allzu lange verteidigten Topos des Nicht-Wissens – „davon hat man ja nichts gewusst" – durch die Prägung des alltäglichen Ortes, der Straße vor dem eigenen Hause. Buchenwald, Theresienstadt, Dachau, Auschwitz und all die anderen Lager waren weit weg, die nächtlichen Transporte der Güterwaggons zu den Stätten industriell betriebener Menschenvernichtung konnte man verdrängen, obwohl sie wohl kaum zu übersehen waren: Allein aus Berlin brachten 61 ‚Osttransporte'

35'000 Juden in die Vernichtungslager, 123 ‚Alterstransporte' brachten weitere 15122 Juden nach Theresienstadt, wo nur 11 % von ihnen überlebten, Homosexuelle wurden meist nach Sachsenhausen verfrachtet usw. (Dobler 2002; zur Liste der Deportationszüge cf: https://www.berlin.de/ba-charlottenburg-wilmersdorf/ueber-den-bezirk/geschichte/artikel.240430.php). Die Lager sind heute bedrückende Gedenkstätten, aber da muss man nicht hinreisen, wenn man partout vergessen will. Der mitten unter uns, im eigenen Kiez, zu den eigenen Füßen eingeschriebenen ‚Topographie der Vernichtung' indes ist kaum zu entrinnen. Sie beschreibt den Ausgangs- und den Endpunkt des Verbrechens.

5.3 Stolpersteine als Gegenstand der Diskursforschung

Für diejenigen, die fragen, was das alles mit Diskursforschung und *Urban Semiotics* zu tun habe und für die das nach allem, was über den Zeichencharakter dieses Kunstwerks gesagt wurde, nicht unmittelbar auf der Hand liegt, hier zusammenfassend nur einige weitere Stichworte.

(i) Diskurs: „Das Beste, was einem Denkmal widerfahren kann, ist eine lebendige Auseinandersetzung" (Endlich 2002: 36). Für die Stolpersteine trifft das in exemplarischer Weise zu. Sie sind ein Impuls zur (kontroversen) Kommunikation, sei es unter den Passanten, einander fremden Gegnern und Befürwortern, sei es im Gespräch mit Jugendlichen zu didaktischen Zwecken, sei es vermittelt in der anhaltenden Mediendebatte, sei es im Prozess des Kunstwerks selbst, das ein Ergebnis komplexer Verständigungshandlungen des Urhebers mit Archiven, Historikern, Behörden, Schulen, Bürgern ist. Jeder dieser Kommunikationsprozesse kann zum Gegenstand empirischer Diskursanalyse gemacht werden.

(ii) Stadt-Zeichen: „In vielen Städten [...] sind die Stolpersteine zu Wegweisern durch die Geschichte ehemaliger jüdischer Stadtviertel geworden" (Körner 2007). Für mich waren die Steine in meiner Straße ein Impuls zur Auseinandersetzung mit der Geschichte ‚meines Viertels' in Schöneberg. Abstraktes Geschichtswissen wird unmittelbar anschaulich, wenn man Zeichen im urbanen Raum als ‚Text' zu lesen weiß. Den jungen Forschungszweigen der *Urban Semiotics* und der *Spatial Discourse Research* eröffnet sich hier ein neues weites Feld empirischer Untersuchungen. Das „Hier wohnte" der standardisierten Beschriftung eines jeden Stolpersteins etwa verweist deiktisch, also wie eine Suchanweisung im *hic et nunc* seiner Wahrnehmung, auf das Haus, vor dem er verlegt wurde, den Ort, an dem die Opfer zuletzt gelebt haben, den Ausgangspunkt des Verbrechens ihrer Deportation. Deportiert an den ebenfalls vermerkten Ort ihrer Ermordung, den Endpunkt des Verbrechens. Beide Lokaldeiktika zusammen sind Teil des Verweisungsnetzwerks, das die ‚Topographie des Terrors' dem Alltagsgedächtnis des Passanten ‚einschreibt' (τόπος / *tópos* / Ort, γράφειν / *graphein* / schreiben).

(iii) Rhetorik: Die Kontroverse innerhalb des Zentralrats der Juden in Deutschland hat gezeigt, wie *metaphorische* Redeweise („mit Füßen treten") als topisches Argument genutzt wird: man (im Sinne von ‚Jeder weiß doch, dass ...' oder ‚alle teilen doch die Auffassung, dass ...') dürfe ‚doch' – eine Partikel, die geteiltes Wissen behauptet, von dem erst bewiesen werden müsste, dass es geteilt sei – nicht diejenigen noch einmal ‚mit Füßen treten',

> die einst ‚mit Füßen getreten' wurden. Für sie stehen die Steine zugleich als *metonymisches* Zeichen, indem die auf ihnen eingravierten lakonischen Informationen (Name, Lebensdaten, Todesort) sie als Individuen und, in deren Summe, sie als Kollektiv repräsentieren (cf. Avidan 2008).

Sage also niemand, Germanisten, die sich auch als Kulturwissenschaftler verstehen, dürften sich jenseits von Sprachstruktur und Literaturkanon nicht auch ihrer Geschichte, ihrem Alltag, ihrem Raum, den Medien ihres Ausdrucks mit textwissenschaftlicher Neugier zuwenden (und dabei manchmal auch etwas lernen über die Geschichte der eigenen Familie). Die vielerorts propagierte Re-Philologisierung unseres Faches würde es um Dimensionen beschneiden, die es überhaupt erst interessant machen für Menschen, die andernorts und in der Ferne etwas lernen wollen über unser Land, seine Kultur und Geschichte.

6 Subkultur in Schöneberg: Ein Stadtviertel im Zeichen des Regenbogens

6.1 100 Jahre Schöneberger Regenbogenviertel

An das Bayerische Viertel, von dem im vorangegangenen Kapitel die Rede ist, schließt sich in fließendem Übergang östlich ein ebenfalls berühmtes Quartier an, das dem unbefangenen Besucher Zeichenensembles bietet, die ihm wie in Neukölln oder Prenzlauer Berg Aufschluss geben können über manche gemeinsamen Merkmale seiner Bewohner. Hier wohnen traditionellerweise überdurchschnittlich viele homosexuelle Männer, die ihre Identität nicht mehr verstecken mögen. Die neue Sichtbarkeit der *Gay Community* weckt die Neugier des urbanen Semiotikers. Wie zeigt sie sich? Mittels welcher Zeichen gibt sie sich selbstbewusst zu erkennen? Wie verhalten sich die Menschen in ihr? Wie weisen sie sich aus als ihrer Subkultur zugehörig? Gibt es eine ‚Sprache der Schwulen' (zu ‚gay talk' cf. Hess-Lüttich & Vlassenko 2012)? Welche Zeichen sind es, an denen schwule Besucher sich in der Stadt orientieren, um ihresgleichen zu finden? Wie wird ein städtisches Viertel durch Zeichen offen als Ort der schwulen Subkultur definiert und ‚markiert'? Lässt es sich durch bestimmte Signalements sozusagen semiotisch ‚kartieren'? Diesen Fragen wollen wir – geleitet durch die im ersten Kapitel zusammengetragenen theoretischen und methodologischen Überlegungen – am Beispiel jenes Berliner Quartiers nachgehen, das seit über 100 Jahren als ‚schwul-lesbischer Traditionskiez' gilt und schwule Besucher aus aller Welt anzieht: das Schöneberger Regenbogenviertel.

Der amerikanische Historiker Robert Beachy stellte in seinem Buch *Gay Berlin. Birthplace of a Modern Identity*

(Beachy 2014), das in deutscher Übersetzung unter dem Titel *Das andere Berlin* 2015 bei Siedler erschien, die *prima facie* etwas überraschende These auf, Homosexualität sei „eine deutsche Erfindung". Sie ist der, zugegeben, etwas feuilletonistisch beschriebene Ausgangspunkt einer dennoch historisch soliden und quellensatt dokumentierten Spurensuche nach dem Ursprung und Zentrum der wissenschaftlichen Auseinandersetzung mit dem gesamten Spektrum der Ausprägungen menschlicher Sexualität im Berlin des Kaiserreichs und der Weimarer Republik. An seinen bestens informierten Blick auf die Periode von 1867 bis 1933 können die folgenden Beobachtungen im Norden von Schöneberg anknüpfen.

Das vor den Toren Berlins gelegene Bauerndorf Schöneberg wurde 1861 in die schnell wachsende Metropole eingemeindet und wuchs innerhalb kürzester Zeit von 4'500 Einwohnern so rasant auf 175'000 an, dass es bereits 1898 eigene Stadtrechte erhielt und damit wieder von Berlin unabhängig und für Berliner eine begehrte Wohnlage wurde. In der Gründerzeit blühte die Stadt auf und wurde zum Anziehungspunkt wohlhabender Bürger, aber auch erfolgreicher Künstler und Schriftsteller. Sie konnte sich eine moderne Infrastruktur leisten und baute die erste Untergrundbahn des Großberliner Raums (die heutige Linie U4). Im Zuge der Ausdehnung Berlins wurde Schöneberg dann 1920 wieder eingemeindet und mit Friedenau zu einem Berliner Verwaltungsbezirk zusammengelegt.

Hier wurden nun Intellektuelle aktiv, die sich für eine Liberalisierung des Strafrechts einsetzten, die ersten Clubs und Vereine wurden gegründet, das *Wissenschaftlich-humanitäre Komitee* versuchte, die Öffentlichkeit über das „Wesen der mann-männlichen Liebe" aufzuklären, Im Viertel um den Nollendorfplatz entwickelte sich nach dem

1. Weltkrieg und besonders seit Beginn der 20er Jahre ein vergleichsweise freizügiges Vergnügungsviertel mit zahlreichen Lokalen, Tanzpalästen, Kabaretts, Cafés, aber auch einer florierenden Prostitution. Um 1922 soll es in Berlin (je nach Quelle) zwischen 100 und 150 homosexuelle Lokale gegeben haben, in denen ein durchaus gemischtes Publikum verkehrte (cf. Moreck 1931). Kurt Hiller, ein bekannter Schriftsteller und Publizist aus jüdischer Familie, veröffentlichte einen Sammelband mit dem mutigen Titel *§ 175: Die Schmach des Jahrhunderts!* (Hiller 1922). Die *Gay History Map* des Berliner Szeneblatts *Siegessäule* verzeichnet allein in dem kleinen Geviert zwischen Motz- und Fuggerstraße etliche Lokale der gehobeneren Variante wie das *Dédé* oder *Mali & Igel*, das *Dorian Gray* oder das *Kleist Casino*, die *Verona Diele* oder das *Monbijou*. Das Transvestitenlokal *Eldorado* in der Motzstraße gilt als das älteste Schwulenlokal Berlins und war ein populärer „Treffpunkt der internationalen mondänen Welt“ (Pretzel 2012: 114). Marlene Dietrich, Claire Waldorf, die Tänzerin Anita Berber, der Schriftsteller Erich Kästner wurden hier gesehen, die in Künstlerkreisen gut vernetzte Else Lasker-Schüler logierte im Hotel Koschel (an sie erinnert eine Gedenktafel am heutigen Hotel Sachsenhof in der Motzstraße), Otto Dix verewigte das bunte Treiben in seinem *Großstadt*-Tryptichon (1927/28), Christian Schad fertigte (u.a. für Morecks *Führer durch das ‚lasterhafte‘ Berlin*) Zeichnungen vom *Eldorado* an (cf. Röske 1996), in dem auch W.H Auden, Christopher Isherwood und ihre Clique Oxforder Kommilitonen verkehrten. In seiner Autobiographie (*Christopher and His Kind*) und seinen Berliner Romanen (*Mr. Norris Changes Trains, Sally Bowles, Goodbye to Berlin*) setzte Isherwood der Zeit und der ‚Szene‘ ein Denkmal, worauf eine Gedenktafel am Haus Motzstraße 17 hinweist, wo er logierte (ähnliche

Gedenktafeln erinnern auch an Gertrude Sandmann, Erich Kästner oder Billy Wilder, die in der Nähe wohnten).

Mit der Machtergreifung der Nationalsozialisten änderte sich die Lage schlagartig. Die Räume des *Eldorados* wurden bereits 1932 von der SA übernommen. Die offen schwulen Lokale wurden geschlossen, die verbleibenden wurden zur Bespitzelung ihrer Besucher genutzt; „Rosa Listen" wurden angelegt, homosexuelle Bürger denunziert, erpresst, später verhaftet und nach dem verschärften § 175 RStGB wegen „widernatürlicher Unzucht" zu Gefängnis und Zwangsarbeit verurteilt. Die Kleidung der Opfer wurde mit einem Zeichen aus Stoff analog zum ‚Judenstern' markiert: viele der mit einem ‚Rosa Winkel' Gezeichneten wurden in das Konzentrationslager Sachsenhausen deportiert, wo die meisten qualvoll umkamen (cf. Pretzel & Roßbach eds. 2000; Jellonnek & Lautmann eds. 2002). An sie erinnern Mahnmale wie die Gedenktafel für die homosexuellen Opfer des Faschismus am U-Bahnhof Nollendorfplatz oder das Denkmal für die von den Nazis ermordeten Homosexuellen im nahen Tiergarten, aber auch zahlreiche ‚Stolpersteine' (des Demnig-Projekts) vor den Häusern, aus denen nicht nur die zahlreichen Juden des hier angrenzenden ‚Jüdischen Viertels' vertrieben worden waren, sondern auch ihre schwulen Nachbarn (Kap. 5).[2]

---

2 Unter http://www.raunitz.de/sh_tote_opfer/ [30.10.2020] findet man im Internet eine (nach gegenwärtigem Stand der Forschung zusammengestellte) Liste von homosexuellen Opfern der Naziverfolgung, die zugleich ein dringendes Forschungsdesiderat markiert; cf. auch die Dauerausstellung im Schöneberger Rathaus mit dem Titel „Wir waren Nachbarn" (http://www.wirwarennachbarn.de/ [30.10.2020]).

6.2 Der lange Weg zur neuen Freiheit

Es dauerte lange, bis das zerstörte Viertel einigermaßen wieder aufgebaut war. Die ‚Szene' war verschwunden. Zaghaft eröffneten hier und da nach dem Krieg wieder ein paar Kneipen, in denen Schwule zu verkehren wagten, aber sie blieben unsichtbar. Die Rechtslage war weiterhin so repressiv wie im Kaiserreich und im Nationalsozialismus. Erst die sozialliberale Koalition verbesserte in den 70erJahren die rechtliche Situation der Homosexuellen, die sich nun auch politisch zaghaft zu artikulieren wagten. Im Schatten der Studentenbewegung wurde nach amerikanischem und britischem Vorbild (zunächst in Bonn und Köln) die *Gay Liberation Front* (glf) gegründet, aus der später eine breite ‚Schwulenbewegung' erwuchs. Das alles ist vielfach beschrieben und umfassend dokumentiert worden, sodass ihre Geschichte hier nicht noch einmal erzählt werden muss (cf. z.B. Lautmann ed. 1977; Kraushaar ed. 1997; Ausstellungen und Kataloge des Schwulen Museums: http://www.schwulesmuseum.de/). Aber der konservative Widerstand gegen die Rechte der Minderheit war zäh und massiv. „Es sollte rund 50 Jahre dauern, bis der Kahlschlag der Nationalsozialisten überwunden war" (Hoffmann 2001: 152).

Einer der Protagonisten der Bewegung, der spätere Verleger des von ihm 1975 gegründeten Verlags *Rosa Winkel* (Europas erster ‚Schwulbuchverlag'), Egmont Fassbinder (ein Vetter des schwulen Filmemachers Rainer Werner Fassbinder), erinnert sich in seinem sehr persönlich gehaltenen Bericht über „Mein schönes ‚schwules' Schöneberg" (Fassbinder 2001: 153–160), dass Homosexuelle „weit und breit nicht wahrnehmbar" waren und dass er nicht wusste, wie und wo er „Gleichgesinnte" finden könnte (ibid. 153), bis er endlich wagte, ins *Trocadero* am Winterfeldtplatz (das später in die nahe Courbièrestraße umzog) oder das wiedereröffnete *Kleist Casino* (KC) an der Ecke Kleist-/Eisenacherstraße zu gehen. Rosa von Praunheims provokativer Film („Nicht der Homosexuelle ist pervers, sondern die Situation, in der er lebt") sorgte für heftige Debatten und wurde zum Initialimpuls für die Gründung studentischer Emanzipationsgruppen in allen größeren Universitätsstädten (die *Gay Liberation Front* in Köln, die ihren Namen dem Londoner Vorbild verdankt, gibt es heute immer noch), einschlägige Zeitschriften kamen heraus (*Du&Ich*, *Him*, *Schwuchtel*, *magnus*), Transvestitenlokale öffneten ihre Pforten (*Chez Nous*, *Chez Romy Haag*), in der Bülowstraße machte der erste schwule Buchladen in Deutschland auf (*Prinz Eisenherz*, heute in der Motzstraße) und, unweit des (heutigen) Kurt-Hiller-Parks, das Café *Anderes Ufer*, das schnell zum „Salon der Berliner Homosexuellen" avancierte (Hoffmann 2001: 151):

> Hier frühstückten die Künstler Salomé und der Rocksänger Rio Reiser. Hier tranken Autoren wie Detlev Meyer, Mario Wirz und Michael Roes Kaffee; der Satiriker Max Goldt war ebenso Stammgast wie die Entertainer Ades Zabel und Biggy van Blond. Nina Hagen, Iggy Pop und Ulrike Folkerts kamen genauso gern ins Ufer wie Michael [sic] Foucault und David Bowie. Und wenn man Glück hatte, konnte man sich hier von den Filmemachern Rosa von Praunheim, Wieland Speck, Lothar Lambert oder Ulrike Ottinger entdecken lassen.

Anfang der 80er Jahre hatte sich das Viertel soweit erholt, dass der junge Bruno Gmünder in bescheidenen Räumen in der Nollendorfstraße seinen ersten schwulen ‚Szeneführer' herausbringen konnte: *Berlin von hinten.* Von der Erfolgsgeschichte des späteren Verlagskonzerns *Bruno Gmünder* ahnte damals noch niemand etwas. Man vergnügte sich in den inzwischen zum Teil mit ersten ‚Darkrooms' ausgestatteten neuen Kneipen wie *Knolle*, *Tom's Bar* oder *Knast*, aber die hedonistische Sorglosigkeit sollte nicht lange währen. Autoren wie Detlev Meyer (*Heute Nacht im Dschungel*) und Napoleon Seyfarth (*Schweine müssen nackt sein*) wurden zu sensiblen Chronisten der herannahenden Bedrohung durch eine neue, in der ‚Szene' grassierende ‚Schwulenseuche', der sie selbst zum Opfer fallen sollten: AIDS. Schnell lichten sich die Reihen. Die Berliner AIDS-Hilfe wird gegründet, Lokale für HIV-Positive werden eröffnet (wie das *Café PositHiv*). Nun kommen neue Mahnmale zu den alten hinzu. Das Zeichen des ‚Rosa Winkels' wird ergänzt durch das der ‚roten Schleife' als Zeichen der Solidarität mit den zahllosen Opfern der tödlichen (und bis heute nicht heilbaren) Krankheit und den damit Infizierten.

1990 eröffnet die damalige Senatorin für Justiz, die spätere Präsidentin des Bundesverfassungsgerichtes Jutta Limbach, im Rathaus Schöneberg, damals noch Amtssitz des Berliner Bürgermeisters, eine Ausstellung des Schwulen Museums zur „Geschichte des § 175: Strafrecht gegen Homosexuelle" und verspricht, sich für die Streichung des Paragraphen einzusetzen. Am 10. März 1994 ist es soweit: der Bundestag fasst einen entsprechenden Beschluss, ohne dass das Abendland wie befürchtet untergeht. Nach dem Vorbild der *Rainbow Coalition*, einer amerikanischen Bürgerrechtsbewegung, wird die Regenbogenfahne als drittes Zeichen der schwulen Subkultur adoptiert und seit 1996 am Rathaus aufgezogen. Schnell avanciert sie zum im Herzen des Kiezes allgegenwärtigen ‚Ausweis' der einschlägigen Lokale und derer, die als ‚gay friendly' wahrgenommen werden wollen. Die Szene-Wirte tun sich zusammen, gründen einen ‚Regenbogenfonds' veranstalten gemeinsam das ‚schwul-lesbischen Straßenfest', das sich zur größten und wichtigsten Veranstaltung seiner Art in Europa entwickelt und heute alljährlich bis zu einer halben Million Besucher anzieht. Am 16. Juni 2000 weiht die Bezirksbürgermeisterin Elisabeth Ziemer die von dem Berliner Künstler Salomé entworfene *Regenbogen-Stele* ein, die vor dem U-Bahnhof Nollendorfplatz den Eingang zum Regenbogen-Quartier markiert und semiotisch die Brücke schlägt vom *Rosa Winkel* (der Gedenktafel an der Wand gegenüber der Stele) zur 1978 von Gilbert Baker entworfenen *Rainbow-Flag*. Wer im Dezember 2013 am U-Bahnhof ankommt, traut seinen Augen nicht: im Rahmen einer (eigentlich zeitlich begrenzten) Kunstaktion erstrahlt dessen Kuppel in den leuchtenden Farben des Regenbogenkiezes. Als weithin sichtbares „Zeichen für Toleranz und Vielfalt" an dessen Eingang (oder Ausgang) soll es bleiben: die zeitliche Begrenzung wird aufgehoben. Nun gilt das kleine Quartier im Norden Schönebergs endgültig als *The Rainbow Village*, das aus eigenem Recht an dessen bunte Zeit in den 1920 Jahren anzuknüpfen vermag.

6.3 Die *Gay Community* setzt Zeichen

Damit sind die drei zentralen Zeichen der Selbstidentifikation eines ganzen Stadtviertels etabliert: der Rosa Winkel als *Stigma*, das die so Gekennzeichneten im Wortsinne ‚zeichnete' als abartig, entartet, aus der Art geschlagen, als letztlich ‚unwertes Leben', bis es von der *Gay Community* aufgegriffen und umgewertet wurde zum stolz getragenen Abzeichen ihrer Selbstbehauptung gegen den Versuch ihrer Negation und Vernichtung; die Regenbogenfahne, deren Farben zugleich das Leben symbolisieren sollen (rot), die Gesundheit (orange), die Sonne (gelb), die Natur (grün), die Kunst (blau) und den Geist (violett) und in ihren farbenfroh-bunten Komposition für die selbstbewusste ‚Fröhlichkeit' der *Gay Community* stehen, ihr ‚Coming-out', ihre Vielfalt, ihren Mut, ihren Kampf um die gleichen Bürgerrechte, die alle anderen auch für sich beanspruchen; und schließlich, drittens, die Rote Schleife als Zeichen der Solidarität mit der stigmatisierten Gruppe der mit dem HI-Virus Infizierten, jener Infektion, die nach ihrem ersten Auftreten zuerst als ‚Schwulenseuche' diffamiert wurde, die klerikal-konservative Politiker nach Quarantäne und Isolation in Lagern rufen ließ, als sichtbare Thematisierung eines gesellschaftlichen Tabus (*awareness ribbon*).

Heute gibt es wohl nirgends sonst auf der Welt eine solche Dichte und Auswahl einschlägiger Bars, Clubs, Restaurants, Cafés, Hotels, Buch- und Fetischläden auf so engem Raum. Für Berlin insgesamt listet das Szenemagazin *Siegessäule* nicht weniger 260 von Schwulen frequentierte Adressen auf und verzeichnet sie auf Karten der drei wichtigsten Zentren (neben Schöneberg noch Friedrichshain und Mitte), aber selbst im Zoom-Ausschnitt wird die Dichte der markierten Orte fast unübersichtlich. Das Zeichen der *Rainbow-Flag* sticht dem Flaneur hier überall ins Auge, nicht nur Fenster der Wohnungen sind damit geschmückt, nicht nur die einschlägigen Läden und Lokale weisen sich damit aus, auch an eher unvermuteten Orten wie Fahrradständern, Fahrschulen, Tierarztpraxen, Obstständen, Geldautomaten usw. klebt das Zeichen, gelegentlich ergänzt um solche, die sich an spezielle Untergruppen der Subkultur wenden (wie die Leder-, Fetisch- oder Bären-Szene), denn kaum ein Gewerbetreibender will es sich mit der hier selbstbewussten Clientèle verscherzen. Für einmal nicht Minderheit sein: für viele der Besucher eine willkommene Entlastung vom Druck ihres heteronormativ geprägten Alltags.

Können sie sich also endlich sicher wähnen und ihre Identität offen leben? Die Gefahren lauern selbst hier im Kiez, wie ein Besuch bei Maneo in der Bülowstr. 106 bestätigt. Die Zahl homophober Übergriffe sei massiv gestiegen, die der Straftaten gegen Homosexuelle habe sich innerhalb nur einer Dekade vervierfacht, allein im Jahr 2016 habe man 659 Hinweise auf Gewalttaten bekommen (cf. *Maneo-Report 2016* v. 17.05.2017). Der für den Kiez zuständige Abschnitt 41 der Berliner Polizei bestätigt die Verschärfung der Sicherheitslage (vor allem durch die Zuwanderung muslimischer und osteuropäischer Jugendlicher) und beschreibt den Ort als für Schwule nicht mehr ungefährlich (cf. auch aktuelle Berichte in der lokalen Presse und im Sender RBB). Mut und Wachsamkeit bleiben geboten. 150 Jahre *Gay Liberation* konnten Homophobie noch immer nicht zum Schweigen bringen. Im Gegenteil: eine unheilige Koalition von religiösen Fundamentalisten und rechtspopulistischen Eiferern wittert schon wieder Morgenluft für ihren Kampf gegen gleiche Rechte für die LGBT-Community. Für die aber ist, wie ein Blick in andere Länder lehrt, die hierzulande mühsam erreichte Rechtssicherheit überlebenswichtig. Daran erinnert auch der Rechtsphilosoph Christoph Möllers von der Humboldt-Universität anlässlich der späten Gleichstellung des Rechtsinstituts der Ehe in seiner juristischen Stellungnahme, die er („unjuristisch“) mit den Worten schließt (Möllers 2017):

> Manche sich liberal wähnende Menschen behaupten, nichts gegen Homosexuelle zu haben, es nur nicht gut zu finden, wenn diese heiraten wollen. Der Sprechakt lautet: Du bist in Ordnung, wie du bist. Du sollst nur nicht dieselben Rechte haben wie ich. Auf diese Art des Zuspruchs können die Angesprochenen vermutlich leichter verzichten als auf den verwehrten Rechtsstatus

7 Die Schloss-Debatte: Vom Palast der Republik zum Humboldt-Forum

7.1 Zum Gedenken an 30 Jahre Schloss-Debatte

Was haben die Berliner Großprojekte Flughafen und Humboldt-Forum gemein? Die *never ending story* ihrer immer wieder verschobenen Eröffnungen. Auch für 2020 wurden sie wieder einmal angekündigt. Aber immer kam etwas dazwischen. Am 03. Oktober 2020 feiert Deutschland 30 Jahre Wiedervereinigung. Ebenso lange währt nun auch die Debatte über die Wiedererrichtung des preußischen Stadtschlosses zu Berlin. Sie ist damit eine der am längsten anhaltenden Architektur-Debatten der Gegenwart. „Das Berliner Schloss spaltet die Stadtgesellschaft", schreibt Jens Bisky in seiner voluminösen *Biographie einer großen Stadt* (Bisky 2019: 879). Dabei ist die Entscheidung schon vor geraumer Zeit gefallen, nämlich kurz nach der Jahrtausendwende. Eigentlich sollte in dem riesigen Gebäude bereits das Humboldt-Forum eingezogen sein und mit den ethnologischen Sammlungen aus Dahlem längst Besucher aus aller Welt anziehen. Nun soll es Ende 2020 aber wirklich soweit sein. Anlass genug, nach dem Blick auf die Flughafen-Debatte (Kap. 2) auch einen auf die ebenso langlebige Schloss-Debatte zu werfen.

Galt die öffentliche Diskussion im Falle des neuen Flughafens (neben dessen Standort und den zahllosen technischen Problemen) unter anderem auch der Frage der künftigen Nutzung der bisherigen Flughäfen (Tempelhof und Tegel im Westen, Schönefeld im Osten der Stadt), so wurde im Falle des Stadtschlosses nicht minder erbittert darum gerungen, nach dem Fall der Mauer zunächst den Abriss des asbestverseuchten DDR-Palastes der Republik und dann den schon 1990 von Joachim Fest in der *Frankfurter Allgemeinen Zeitung* (FAZ) vorgeschlagenen Wiederaufbau des Berliner Schlosses zu verhindern oder zu unterstützen (cf. Schug ed. 2007). Diese Mediendebatte wurde bereits bald nach der Entscheidung des Deutschen Bundestages 2002 *für* den Wiederaufbau in Monographien und Sammelbänden dokumentiert und muss hier nicht erneut rekonstruiert werden (cf. Hennet 2005; Ribbe ed. 2005). Aber seither riss die Debatte nicht ab, sondern weitete sich aus auf die Gestaltung des Schlossplatzes insgesamt und auf die Frage, wie und wofür das Schloss optimal genutzt werden könne. Doch zunächst ein kurzer Blick zurück, um dem Leser die vielerorts dokumentierte historische Entwicklung des Gebäudes im Schnelldurchlauf zu vergegenwärtigen und der aktuellen Debatte damit die nötige historisch informierte Tiefenschärfe zu verleihen.

7.2 Von der preußischen Wehrburg zum Neubau des Hohenzollernschlosses

Mit der wachsenden wirtschaftlichen Bedeutung der Städte Berlin und Cölln wird 1443 unter der Regentschaft des Kurfürsten Friedrich II der Grundstein für die Residenz der Hohenzollern gelegt, eine wehrburgartige Anlage, deren genaues Aussehen nicht sicher überliefert ist und die um 1538 zugunsten eines neuen Renaissanceschlosses fast vollständig abgetragen wird. Um das Schloss mit den Jagdgründen des Tiergartens zu verbinden, werden ab 1646 Straßen gen Westen angelegt, womit es zum Mittelpunkt der rasch wachsenden Stadt wird. Als Kurfürst Friedrich III sich 1701 in Königsberg (als Friedrich I) zum König krönt und damit Kurbrandenburg zum Königreich Preußen wird, verlangt die neue Würde ein etwas repräsentativeres Gehäuse. Unter der Bauleitung von Andreas Schlüter entsteht ein barockes Stadtschloss, auch die Fassaden zum Lustgarten, der Schlossplatz und das Schlüter-Portal gehen auf seine Entwürfe zurück. Der neue Schlossbaumeister Johann Eosander v. Göthe erweitert den Bau dann ab 1706 noch einmal erheblich (und setzt sich mit dem Eosander-Portal ein prachtvolles Denkmal). Der Soldatenkönig Friedrich Wilhelm I geht es etwas bescheidener an, lässt aber die Lücke zwischen Schlüterhof und Eosander-Portal schließen. Die Schlosskapelle wird 1853 mit einer Kuppel gekrönt. Mit der Reichsgründung 1871 wird das Schloss kaiserliche Residenz, eine Häuserzeile auf der „Schlossfreiheit" wird abgerissen, um dort Platz zu schaffen für das Kaiser-Wilhelm-Nationaldenkmal.

Nach dem Weltkrieg und der Abdankung des Kaisers wird der Bau während der Weimarer Republik und im sog. Dritten Reich dann genutzt als Kunstgewerbemuseum, Mensa, Wohnraum, Studentenhilfe, Theatermuseum und Ausstellungshalle und manches mehr. Im Februar 1945 brennt das Schloss nach einem Luftangriff auf das Stadtzentrum schließlich bis auf den Nordwestflügel aus. Weniger aus bautechnischen als aus ideologischen Gründen wird es auf Beschluss der SED-Regierung 1950 unter Missachtung aller Proteste gesprengt und der dadurch freigewordene Platz in Marx-Engels-Platz getauft und für Kundgebungen der Partei und als Parkplatz genutzt. Als Nachfolger von Walter Ulbricht veranlasst Erich Honecker als Erster Sekretär des ZK der SED den Bau eines vom Architektenkollektiv um Heinz Graffunder konzipierten Neubaus, der als Sitz der Volkskammer und als Kulturhaus dient. Damit soll der ‚Palast der Republik' (PdR), dessen Dimensionen ihm bald den Spottnamen ‚Palazzo Prozzo' eintragen, zum politischen und kulturellen Kristallisationspunkt der Arbeiterbewegung werden. Viele Bürger der DDR erinnern neben den SED-Parteitagen vor allem die Kulturveranstaltungen wie Konzerte, Ausstellungen, Theateraufführungen, Modenschauen, Hochzeiten und dergleichen. Familien treffen sich den Restaurants des Hauses, Jugendliche in der hauseigenen Diskothek oder an der Bowlingbahn. Die Erinnerung daran trägt in der Nachwendezeit ab 1990 viel zu dem nostalgisch verklärten Image des Hauses bei vielen Bürgern bei, vor allem solchen, die zu DDR-Zeiten der SED bzw. nach der deutschen Wiedervereinigung 1990 ihrer Nachfolgerpartei nahestehen.

Diese ist es denn auch, die zunächst den Protest gegen den Rückbau des Gebäudes anführt, der durch die krebserregende Asbestkontamination und aufgrund statischer Probleme unausweichlich scheint. Im Wesentlichen stehen drei Optionen zur Wahl: Erhalt des PdR, moderner Neubau, Wiedererrichtung des Schlosses. Eine unabhängige Expertenkommission empfiehlt schließlich mit nur einer Gegenstimme die Rekonstruktion der historischen Mitte Berlins. Der Deutsche Bundestag entscheidet sich nach mehreren Architekturwettbewerben 2003 für den Abriss des PdR und den Wiederaufbau des Schlosses. Es soll als ‚Humboldt-Forum' die Sammlungen der Dahlemer Museen außereuropäischer Kulturen, die Zentral- und Landesbibliothek Berlin sowie die wissenschaftshistorischen Sammlungen der Humboldt-Universität beherbergen.

7.3 Das Humboldt-Forum in der Diskussion

Gegen diese Grundsatzentscheidung wurden von vielen Seiten Einwände hervorgebracht, der Petitionsausschuss des Bundestages allein hatte 880 Eingaben zu behandeln, die er verwarf. Die Gegenseite der Befürworter suchte ebenfalls Anhänger zu mobilisieren und für die Akzeptanz des Schlosses zu gewinnen. Einige der wesentlichen Argumente in der Kontroverse ließen sich in folgender Tabelle zusammenfassen:

Pro	*Contra*
Ein modernes Gebäude könne die Lücke zwischen den historischen Bauten im nicht füllen.	Mit zeitgenössischen Nutzungskonzepten lasse sich die alte Baustruktur nicht verbinden.
Das Schloss habe eine wichtige Funktion für das deutsche / europäische Geschichtsgedächtnis, es diene als Brücke zur Vergangenheit.	Das Schloss repräsentiere eine monarchische politische Ordnung und sei einer republikanischen Demokratie daher nicht mehr angemessen.
Das Schloss bilde den Kern des Berliner Zentrums, es halte die Mitte zusammen.	Das Schloss tilge die historischen Brüche im urbanen Raum und es negiere die DDR-Epoche.
Das Schloss verspreche zur touristischen Attraktion zu werden und ziehe international Besucher an.	Eine authentische Rekonstruktion des Schlosses sei unmöglich, die Kopie werde zum Disneyland.

Besonders der von dem Hamburger Kaufmann Wilhelm v. Boddien gegründete ‚Förderverein Berliner Schloss' trat in der Debatte von Beginn an mit z.T. spektakulären Aktionen hervor wie der semiotischen Simulation der Schlossfassaden durch Stoffbahnen als Zeichen für die Dimensionen des geplanten Baukörpers, was zur Veranschaulichung des Vorhabens und zur Spendenbereitschaft beitragen sollte. Nach Jahren mit verschiedenen Zwischennutzungen wurde für die Gestaltung des Schlosses Ende 2007 ein weiterer Architekturwettbewerb ausgeschrieben, an dem sich 158 Büros beteiligten; von ihren Entwürfen schafften es 30 in die zweite Auswahlrunde, in der eine Jury aus 14 Preisrichtern sich schließlich für den Vorschlag des italienischen Architekten Franco Stella aus Vicenza entschied, der neben drei barocken Fassaden eine nach Osten gewandte moderne Ansicht vorsah, an der sich freilich auch wieder heftiger Streit entzündete, der bis heute anhält. So wird Stellas Fassade mit einem Gewerbebau am Nordbahnhof verglichen, um nur einen der schmeichelhafteren Kommentare herauszugreifen. Stellas Architekten-Kollegen kritisierten die zahllosen Vorgaben des Wettbewerbs, der ihre Kreativität beschneide.

Auch in der Berliner Bevölkerung überwog anfangs die Skepsis. Noch viele Jahre nach der Grundsatzentscheidung *für* das Humboldt-Forum sprachen sich laut einer Umfrage der (freilich in dieser Frage nicht ganz neutralen) *Berliner Zeitung* (BLZ) im Sommer 2010 angeblich 80 % der Berliner dagegen aus (Aulich & Höhn 2010; Zylka 2010). Eine Diskursanalyse einschlägiger Artikel in den *online*-Ausgaben der BLZ und der *Süddeutschen Zeitung* (SZ) aus demselben Zeitraum bietet das gesamte Spektrum der Kontroverse ab. So kritisierte die BLZ etwa, dass die Vorgabe der Barockfassaden zu Grundrissen führe, die für Bibliotheken oder Ausstellungen unbrauchbar seien und fragte, ob das Konzept überhaupt in eine moderne und ökologisch nachhaltige Zeit passe (Bernau 2010), während die SZ an die konkreten Aufgaben und baulichen Herausforderungen erinnerte, die vor lauter Symboldebatten in den Hintergrund zu treten drohe (Seibt 2010). Die Fördervereine rüsteten derweil publizistisch auf, organisierten Ausstellungen und Diskussionsrunden, gaben Bücher, DVDs und eigene Zeitschriften heraus (wie das *Berliner Extrablatt*, dessen 93. Ausgabe im April 2020 erschien). Mit der sachlichen Aufklärung und Fülle der Informationen wuchs denn auch die Zustimmung zu dem Projekt (proportional zu dessen Kosten).

Anlässlich des 30. Jahrestages der Wiedereinigung resümiert die FAZ in einer Sonderbeilage zu ihrer Ausgabe Nr. 230 v. 02.10.2020, dass wohl „über keinen anderen Symbolort seit 1989 so heftig gestritten“ worden sei wie über den Wiederaufbau des Berliner Schlosses (Maak 2020). Doch immer noch halten sich Zustimmung und Ablehnung, Identifikation und Skepsis die Waage. Die einst schönste Fassade, die nach Osten zur Spree hin, sehe nun aus wie ein „monumentales Abluftgitter“ (ibid.), und das Humboldt-Forum sei ideologisch zwischen die Fronten geraten. Dies spielt auf den Streit zwischen Mitgliedern der Expertenkommission wie Bénédicte Savoy einerseits und den Vorgängern des neuen Generalintendanten Hartmut Dorgerloh (Neil MacGregor, Hermann Parzinger, Horst Bredekamp) andererseits an, bei dem es u.a. um das Verhältnis der Ethnologischen Sammlungen zum Kolonialismus und die Frage der Restitution afrikanischer Objekte geht.

Anhaltenden Streit gibt es nun auch um die Kuppel und ihr Kreuz mit einer von der Apostelgeschichte und dem Brief an die Philipper inspirierten Inschrift des Preußenkönigs Friedrich Wilhelm IV (1853): „Es ist kein ander Heil, es ist auch kein anderer Name den Menschen gegeben, denn der Name Jesu, zu Ehren des Vaters, daß im Namen Jesu sich beugen sollen aller derer Kniee, die im Himmel und auf Erden und unter der Erde sind.“ Jens Bisky irritiert, dass gerade jene semiotisch aufgeladenen Teile des Bauwerks mit besonderer Sorgfalt rekonstruiert worden seien, die, wie er in Anlehnung an des Königs Sprachgebrauch schreibt, den „Ludergeruch der Reaktion“ verströmten (Bisky in der SZ v. 22.05.2020). Die Kulturstaatsministerin Monika Grütters begrüßt als Bauherrin das Kreuz als Zeichen für Nächstenliebe und Weltoffenheit, der Kultursenator Klaus Lederer kritisiert es als religiös besetztes Zeichen, das alles konterkariere, wofür das Humboldt-Forum im Sinne seiner Namenspaten stehe, für Humanismus, Aufklärung, Gleichwertigkeit der Menschen und Kulturen. Der Vorsitzende des Zentralrats der Muslime in Deutschland mischt sich ein und empfiehlt, die Zeichen der drei abrahamitischen Religionsgemeinschaften gemeinsam aufzunehmen. Diese und viele andere Stimmen der Kontroverse stellt der Berliner *Tagesspiegel* in seiner Ausgabe v. 29.05.2020 zusammen (Schulz 2020). Heftiger geht in den sozialen Netzwerken zu, in deren Untiefen wir hier jedoch nicht folgen wollen.

Dafür ist der nächste Streit längst schon im Gange: das Freiheits- und Einheitsdenkmal, das an die Stelle des Kaiser-Wilhelm-Nationaldenkmals vor dem Schloss treten soll und das die Berliner *vox populi* ‚die Einheitswippe‘ getauft hat. Auch an dessen Zeichensprache entzündet sich die Debatte, an der zahlreiche Kultur- und Medienschaffende teilnehmen, die den Standort in offenen Briefen infrage stellen, weil er den kosmopolitischen Anspruch des Humboldt-Forums existenziell in Frage stelle. Eine quellensatte Zusammenstellung kritischer Kommentierungen findet sich unter: https://de.wikipedia.org/wiki/Freiheits-_und_Einheitsdenkmal [Abruf 09.10.2020]. Die Bruchlinien der Kontroverse verlaufen nicht unbedingt entlang der Parteigrenzen, obwohl das Thema politisch brisant ist. Politiker jeder Couleur äußern sich für und wider die „Bundesbanane“, wie das Denkmal auch verspottet wird. In den Feuilletons tobt der Streit mindestens so lange, bis es errichtet sein wird und die

Bevölkerung und die Besucher sich dazu verhalten können. Noch scheint deren Mehrheit eher skeptisch: einer Umfrage von Infratest dimap im Mai 2017 zufolge hätten 58 % der Berliner lieber die historischen Kolonnaden rekonstruiert gesehen als sich durch den „Politkitsch" der Wippe „verschaukeln zu lassen" (Bisky 2015). Was aussehe wie eine „surreal überdimensionierte Obstschüssel", so Niklas Maak in seinem eingangs zitierten Rückblick auf die Schlossdebatte anlässlich des 30. Jahrestages der Wiedervereinigung, solle zum Ausdruck bringen, dass Menschen zusammen wie 1989 etwas bewegen können (eben die Wippe zu neigen); das Zeichen könne aber „auch so gelesen werden, dass es immer, wenn in Deutschland zu viele Leute in eine Richtung laufen, mit dem Land bergab geht" (Maak 2020). Und weil unten im Kupfergraben dazu noch eine Badeanstalt eingerichtet werden soll, fügt er spöttisch hinzu: „Oben spielt man Preußens Gloria, in der Mitte werden die Leute verschaukelt, unten gehen die einfachen Leute baden: Vielleicht ist Berlin am Ende hier ja doch, ganz unfreiwillig, ein vielsagendes Selbstporträt gelungen" (ibid.).

8 Ansichten, Einsichten, Aussichten: Probleme, Projekte, Perspektiven

8.1 Kontroversen, Kompromisse, Konsequenzen

Die Ansichten von Teilnehmern der kontroversen Debatten, von denen in den vorangegangenen Kapiteln die Rede war, gehen nach wie vor weit auseinander, manche dauern an. Die Diskussion über die Flughäfen (Tempelhofer Feld, Tegel-Schließung, BER-Eröffnung) oder über Multikulturalität, Parallelgesellschaft und Gentrifizierung (Brennpunkt Neukölln, Prenzlauer Berg), über die Grenzen der Religionsfreiheit (Moscheebauten) und angemessene Formen des Gedenkens (Memorialkultur, Stolpersteine), über den Schutz von Minderheiten bestimmter Subkulturen und deren Bedrohung durch Kriminalität oder Religionen (Regenbogenkiez) oder die über das Schloss und die künftigen Aufgaben des Humboldt-Forums sind nach wie vor aktuell, obwohl sie teilweise seit Jahrzehnten streitig geführt werden.

Bei manchen zeichnet sich ab, dass die gesellschaftliche Realität oder die Schaffung von Fakten auch zu neuen Einsichten führt. Die Frage der Randbebauung des Tempelhofer Feldes ist wieder offen, seit sich das Problem der Wohnungsnot bis zu Grünen und Linken herumgesprochen hat. Dass sich die sozialen Brennpunkte in Neukölln, Kreuzberg, Friedrichshain nicht von selbst auflösen, haben alle Parteien verstanden; arabische Clan-Kriminalität ist kein Tabuthema mehr; Milieuschutzmaßnahmen sollen die wüstesten Auswüchse der Immobilienspekulation einhegen. Die gefährliche Zunahme von Antisemitismus, Rechtsextremismus, Homophobie wird endlich wahrgenommen. Und selbst „Egons Lampenladen" trauern nur die Verbissensten der

SED-Altkader hinterher, während die meisten das Schloss, seit es in voller Pracht vor ihnen steht, eigentlich doch ganz schön finden, wie es sich nun harmonisch einfügt in das Ensemble der benachbarten Bauwerke der Museumsinsel, der Staatsoper, der Humboldt-Universität, des Lustgartens, des Berliner Doms, des Roten Rathauses, des Nicolaiviertels.

Die Aussichten sind also eigentlich nicht so düster, wie die Tonlage mancher Debatten vermuten lassen könnte. Natürlich wünschte man sich oft ein beherzteres Vorgehen zur Lösung drängender und offenkundiger Probleme, die aber über 40'000 Menschen, die jährlich neu nach Berlin ziehen wollen, nicht abzuschrecken scheinen. Aber auch diejenigen, die ihr Leben seit je in der Stadt verbracht haben, finden immer wieder Neues zu entdecken. Zum Abschluss hier exemplarisch nur ein paar Streiflichter.

8.2 Spurensuche im ältesten Berlin: Das Nicolai-Viertel

Schräg gegenüber vom Berliner Schloss, am östlichen Ufer der Spree, erstreckt sich das um die Nicolaikirche herum das nach ihr benannte Viertel, dessen Ursprung auf das 12. Jahrhundert zurückgeht. Die ersten Häuser der Kaufmannsiedlungen Berlin und Cölln entstanden hier und wurden, verbunden durch den Mühlendamm über die Spree, 1237 erstmals urkundlich belegt, zum Kern der gemeinsamen Doppelstadt. Ausgrabungen deuten auf eine noch frühere Entstehung, aber erst mit der Errichtung des kurfürstlichen Schlosses nebenan (s. Kap. 7) gewann die schnell wachsende Gemeinde an Bedeutung. Die Nazi-Pläne zur Umstrukturierung des Viertels wurden glücklicherweise nicht umgesetzt, was freilich auch nicht gegen dessen Zerstörung im Bombenhagel des Weltkriegs half.

Erst in den 1970 Jahren sollte die klaffende Lücke zwischen Spree und Alexanderplatz endlich geschlossen werden. Ob die historische Nicolaikirche abgerissen werden solle oder nicht wurde engagiert debattiert. Schließlich entschloss sich das beauftragte Planungskollektiv zu einer an den ursprünglichen Strukturen orientierten Wohnbebauung, die pünktlich zum 750-jährigen Stadtjubiläum 1987 fertiggestellt wurde (cf. Goebel 2003). Aber auch diese Lösung geriet in die Kritik, Grund genug zu einer Spurensuche vor Ort. Wie ‚lesen' wir heute den erneuerten historischen Stadtkern? Welche Zeichen deuten auf die verschiedenen Schichten des Palimpsests, das im Laufe der Zeit in diesem eng gezirkelten Geviert entstanden ist?

Die urban-semiotische Exkursion wird sinnvollerweise bei der Nikolaikirche ihren Ausgang nehmen, die so alt ist wie die Stadt (Kieling & Althoff 2001). Zwischen 1220 und 1244 wurde ein schlichter Vorläufer-Holzbau ersetzt durch eine dreischiffig-kreuzförmige Basilika, deren Grundriss auf dem Boden des heutigen Backsteinbaus noch zu erkennen ist, der zwischen 1460–1480 auf dem ursprünglichen Feldsteinsockel errichtet wurde. Die Kirche wurde freilich im Weltkrieg fast vollständig zerstört. Erst nach 1980 wurde ihr Wiederaufbau angestrebt, aber die Nutzung war strittig. Schließlich wurde ein Kompromiss gefunden: die Kirche wurde zu einer Konzerthalle umgewidmet und beherbergte zudem eine Zweigstelle des Märkischen Museums. Außerdem wurde auch der Kapellentrakt wiederhergestellt und die Gruft zugänglich gemacht, in der bedeutende Berliner (wie u.a. die kurfürstlichen Kanzler Lampert und Christian Diestelmeyer oder der Philosoph und Jurist Samuel Frh. v. Pufendorf) ihre letzte Ruhestätte fanden.

Der Weg führt uns weiter über die Poststraße, in der viele hohe Regierungsbeamte und Militärs wohnten und in der die erste Apotheke, das erste Theater und das erste Postgebäude Berlins standen, vorbei an der *Gerichtslaube*, die zur 750-Jahr-Feier 1987 wiederaufgebaut wurde, aber mit dem mittelalterlichen Gasthof kaum Ähnlichkeiten aufweist (immerhin soll das Dach als Zeichen für den einstigen Renaissance-Giebel dienen), vorbei auch am Knoblauchhaus (Poststr. 23) aus dem 18. Jahrhundert, das 170 Jahre lang im Besitz der bedeutenden Berliner Familie Knoblauch war (zu der auch der Architekt Eduard Knoblauch zählte, der u.a. die große Synagoge in der Oranienburger Straße oder die Russische Botschaft baute) und das als einziges Wohnhaus noch an seinem einstigen Ort steht (heute ein Teil des Stadtmuseums), bis hin zur „schönsten Ecke Berlins", dem Ephraim-Palais, einem im Auftrag des jüdischen Bankiers Veitel Heine Ephraim 1762–1769 von dem Berliner Oberbaudirektor Friedrich Wilhelm Dieterich errichteten Rokoko-Palais, das unter Verwendung einiger Originalbauteile und der Kopie einer von Andreas Schlüter entworfenen Decke aus dem früheren Palais Wartenberg im ersten Stock um einige Meter nach Norden verschoben für das Stadt-Jubiläum 1987 fertiggestellt wurde.

Ähnliche Palimpsest-Strukturen weisen auch andere Gebäude des pseudohistorischen Ensembles auf wie das Wirtshaus *Zum Nussbaum*, das vor dem Krieg in Cölln stand und Heinrich Zilles Stammkneipe war; das heutige Haus ist eine Kopie, das man als Zeichen für die zahllosen Alt-Berliner Lokalitäten nehmen kann, die heute verschwunden sind. Dasselbe gilt für den Gasthof *Zur Rippe*, benannt nach seinem Hauszeichen (das vor der Einführung von Hausnummern 1799 das Auffinden des Hauses erleichtern sollte), das wie das Ephraim-Palais 1935 abgerissen worden war, um dort Platz für das von den Nationalsozialisten geplante Gauforum und die Verbreiterung des Mühlendamms zu schaffen. Man kann darüber froh sein, dass wenn der Ostberliner Magistrat schon die achtspurige Straße aus NS-Zeiten nicht zurückbauen mochte, man statt des Gauforums der Nazis immerhin die Kopie eines Alt-Berliner Lokals besuchen kann; leider wurde es 2019 geschlossen.

Man könnte also über das Nicolaiviertel dieselbe Debatte führen wie heute über das Stadtschloss (in dessen Hof übrigens auch das Georg-Denkmal des Bildhauers August Kiss stand, das heute als beliebtes Photomotiv vor der Nicolai-Kirche dient), aber wenn die Schloss-Kopie von Bevölkerung und Fremdenverkehr so angenommen wird wie der simulierte historische Stadtkern, könnte sich die umstrittene Entscheidung für den Wiederaufbau am Ende doch noch als glückliche Fügung erweisen.

8.3 Der Alexanderplatz und das Erbe der Hugenotten

Zum historischen Zentrum Berlins gehört auch der Alexanderplatz im Bezirk Mitte, im 17. und 18. Jahrhundert ein Markt- und Handelsplatz, später benannt nach dem russischen Zaren Alexander I anlässlich seines Besuches des preußischen Königs Friedrich Wilhelm III im Jahre 1805. Mit dem Ausbau des Berliner Verkehrsnetzes in den Boom-Jahren der Gründerzeit gewann er jedoch erheblich an Bedeutung und erfuhr einschneidende bauliche Veränderungen: Hotels, Kaufhäuser, Behörden (Stadtgericht und Polizeipräsidium) säumten den Platz, überragt von einem neuen Wahrzeichen, der Berolina (eine kupferne Kolossalfigur, die jedoch im Weltkrieg II für die Kriegswirtschaft eingeschmolzen wurde). Der Architekt und Industriedesigner Peter Behrens wurde beauftragt, den Platz im Geiste der neuen Sachlichkeit umzugestalten und dabei den Erfordernissen der gestiegenen Mobilitätsansprüche gerecht zu werden. Die ehrgeizigen Pläne gerieten indes ins Stocken, als die Nationalsozialisten die Macht übernahmen. Die Investoren zogen sich zurück, den Rest besorgten die Bombenangriffe im April 1945.

Nach dem Krieg wurden als erstes die beiden Behrens-Bauten (Berolina- und Alexanderhaus) wiederaufgebaut, später kamen klotzig-schmucklose Büro- und Geschäftshäuser dazu, ein Wolkenkratzer, der als Hotel diente, und ein Warenhaus (heute Kaufhof). Die weite Leere in der Mitte wurde mit Betonplatten belegt, über die der Wind hinwegfegte. Wenn es das Ziel war, den Platz zu einen urbanen ‚Zentrum der Begegnung' zu machen, so wurde es durch die Stadtplanung gründlich konterkariert. Daran konnte auch die ‚künstlerische Ausgestaltung' des Platzes nicht mehr viel ändern, die stählerne ‚Weltzeituhr' des gelernten Bauschlossers Erich John und der von dem linientreuen ‚Staatskünstler' Walter Womacka geschaffene bunt-beleuchtete ‚Brunnen der Völkerfreundschaft', den die respektlose Ostberliner *vox populi* alsbald ‚Nuttenbrosche' taufte. Das pulsierende Leben rund um *Berlin Alexanderplatz*, das Alfred Döblin 1929 in seinem Roman beschreibt, war einer sterilen Ödnis gewichen, in der sich niemand länger aufhalten mochte als nötig.

Nach der Wiedervereinigung legte der Architekt Hans Kollhoff kühne Pläne für eine komplette Neugestaltung des unwirtlichen Platzes vor, die mit einem Mix von Büroflächen und Wohneinheiten eine Re-Urbanisierung anstrebten, aber wegen der dabei vorgesehenen Hochhausgruppen umstritten waren. Stattdessen wurden ein Einkaufszentrum (Alexa) und der Saturnbau realisiert, die das urbane Leben auf die Geschäftsöffnungszeiten begrenzten. Neue Pläne sollen es nun richten. Die alten Kollhoff-Pläne werden wieder hervorgeholt, Wettbewerbe werden ausgeschrieben, Konzepte des Architekturbüros Kny & Weber orientieren sich am historischen Stadtgrundriss, aber für kleinteilige Quartiersstrukturen finden sich keine Investoren. Die Bürger demonstrieren derweil vorsorglich gegen die von Ihnen befürchtete Gentrifizierung. Die einen wollen bezahlbares Wohnen im Zentrum und neue Modelle des Zusammenlebens fördern, die anderen möchten in Luxuswohnungen investieren, die Rendite versprechen. Die Debatte dreht sich im Kreis und blockiert die Verständigung darüber, wie aus einem Verkehrsknotenpunkt wieder ein ‚Platz' entstehen kann, der gesellschaftlichem Leben im Zentrum der Stadt jenen Raum gibt, in dem Wohnen, Arbeiten, Freizeit, Begegnung in Cafés und Restaurants gleichzeitig stattfinden kann.

Vielleicht können die Spuren der Hugenotten dabei als Orientierung dienen, denen der semiotisch sensibilisierte Flaneur auf Schritt und Tritt begegnet? Die nach dem von Louis XIV 1685 verfügten Edikt von Fontainebleau aus Frankreich vertriebenen Protestanten werden von Friedrich I mit dem Toleranzedikt von Potsdam noch im selben Jahr nach Preußen eingeladen. Mehr als 7000 von ihnen finden allein im Berliner Dorotheenviertel Obdach oder siedeln sich im Friedrichstadtviertel an und bringen nicht nur französisches *savoir vivre* mit, sondern auch intellektuelle und ökonomische Impulse. Das französische Gymnasium wird gegründet und gewinnt rasch an Renommee. Der Gendarmenmarkt nimmt Gestalt an, der Französische Dom wird nach dem Vorbild des Temple Charenton errichtet, die Académie des Sciences gegründet, der Französische Friedhof geweiht.

Für den frisch gekürten preußischen König wird Paris zum städtebaulichen Vorbild; er lässt das Berliner Schloss nach Plänen des römischen Barock-Architekten Gian Lorenzo

Bernini umbauen, die er im Auftrag von Louis XIV für den Louvre entworfen hatte; er ergänzt seine Sommerresidenz (Schloss Charlottenburg) um eine Orangerie und beauftragt Jean de Bodt mit der Vollendung des noch von seinem Vater bei dem Pariser Hofarchitekten François Blondel in Auftrag gegebenen Zeughauses und mit dem (freilich nicht realisierten) Bau einer Kirche nach dem Modell des Dôme des Invalides; auch die Reiterstatue von Henri IV auf dem Pont-Neuf gefällt ihm sehr, so etwas will er auch haben und lässt eine ähnliche, die seinen Vater (den Großen Kurfürsten) darstellt, auf der Langen Brücke (heute Rathausbrücke) aufstellen, die auf das Schloss zuführt (heute steht sie vor dem Schloss Charlottenburg). Sein Sohn Friedrich Wilhelm I (der Soldatenkönig) teilt den frankophilen Geschmack des Vaters und legt für das Training seiner Soldaten diverse Plätze ebenfalls nach Berliner Vorbild an: das Rondell (Mehringplatz) nach dem Modell des Place des Victoires, das Oktogon (Leipziger Platz) in Anlehnung an den Place Louis le Grand, und das Quarrée (Pariser Platz mit der Französischen Botschaft) ist dem Place Royale (heute Place des Voges) nachempfunden.

Mit dem Einmarsch Napoleons tritt schnell Ernüchterung ein, das Vorbild wird Konkurrent. Aber selbst noch beim Versuch seiner Überbietung orientiert sich später Wilhelm I an Paris mit seinen von Baron Eugène Haussmann konzipierten „stolzen Straßenzügen" (Huret 1911: 28). Huret empfiehlt freilich umgekehrt den Parisern eher die Orientierung an James Hobrecht, der zwar auch breite Straßen plant, aber der eben auch die soziale Durchmischung der bis heute gültigen Blockrandbebauung im Auge hat. Wilhelm I will den Reichstag größer als das Palais Bourbon, den Berliner Dom höher als den Dôme des Invalides, den Kurfürstendamm prächtiger als die Champs-Elysées, die Museen reicher als den Louvre. Seither ist ‚der Berliner als solcher' im Ausland nicht mehr zu beeindrucken: „Ham'wer ooch, nur jrößer". Die Folgen der Hybris wurden allseits gründlich durchlitten, umso wichtiger ist die Besinnung auf die ursprüngliche wechselseitige städtebauliche Vorbildfunktion, von der Berlin bis heute profitiert.

9 Bibliographie

Abdel-Samad, Hamad 2018: *Integration. Ein Protokoll des Scheiterns*, München: Droemer

Albrechts, Louis & William Denayer 2001: „Communicative Planning, Emancipatory Politics and Popstmodernism", in: Paddison (ed.) 2001: 369–384

Androutsopoulos, Jannis (2008/2020): „Linguistic landscapes: Visuelle Mehrsprachigkeitsforschung als Impuls an die Sprachpolitik": http://jannisandroutsopoulos.files.wordpress.com/2011/05/j-a-2008-linguistic-landscapes.pdf [30.10.2020]

Assmann, Aleida 2009: „Geschichte findet Stadt", in: Csáky & Leitgeb (eds.) 2009: 13–28

Aulich, Uwe & Sebastian Höhn 2010: „Schlossbau soll erstmal zu den Akten", in: *Berliner Zeitung* v. 02.06.2020

Avidan, Igal 2010: „‚Im Kino: Stolperstein'. In München stolpert man nicht gerne", in: *Süddeutsche Zeitung* v. 17.05.2010 http://www.sueddeutsche.de/kultur/im-kino-stolperstein-in-muenchen-stolpert-man-nicht-gerne-1.536809 [30.10.2020]

Bachmann-Medick, Doris [2]2007 [[1]2006]: *Cultural Turns. Neuorientierungen in den Kulturwissenschaften*, Reinbek: Rowohlt

Bausch, Karl Heinz (ed.) 1982: *Mehrsprachigkeit in der Stadtregion*, Düsseldorf: Schwann

Beachy, Robert 2014: *Gay Berlin. Birthplace of a Modern Identity*, New York: Alfred A. Knopf

Beachy, Robert 2015: *Das andere Berlin. Die Erfindung der Homosexualität – eine deutsche Geschichte 1867–1933*, München: Siedler

Bechhaus-Gerst, Marianne 2000: *Treu bis in den Tod. Von Deutsch-Ostafrika nach Sachsenhausen. Eine Lebensgeschichte*, Berlin: Links-Verlag

Behloul, Samuel M. 2009: „Minarett-Initiative. Im Spannungsfeld zwischen Abwehr-Reflex und impliziter Anerkennung neuer gesellschaftlicher Fakten“, in: Tanner et al. (eds.) 2009: 103–122

Beinhauer-Köhler & Claus Leggewie 2009: *Moscheen in Deutschland. Religiöse Heimat und gesellschaftliche Herausforderung*, München: C.H. Beck

Ben-Rafael, Eliezer, Elena Shohamy, Muhammad Hasan Amara & Nira Trumper-Hescht 2006: „Linguistic landscape as symbolic construction of the public space: The case of Israel“, in: Gorter (ed.) 2006: 7–30

Benyahia-Kouider, Odile 2005: „Pavés d'éternité“, in: *La Libération* v. 27.01.2005 http://www.liberation.fr/societe/2005/01/27/paves-d-eternite_507558 [30.10.2020]

Berking, Helmuth 2008: „‚Städte lassen sich an ihrem Gang erkennen wie Menschen‘. Skizzen zur Erforschung der Stadt und der Städte“, in: id. & Löw (eds.) 2008: 15–31

Berking, Helmuth & Martina Löw (eds.) 2008: *Eigenlogik der Städte*, Frankfurt/Main / New York: Campus

Berlin Museum (ed.) 1984: *Eldorado. Homosexuelle Männer und Frauen in Berlin 1850–1950. Geschichte, Alltag und Kultur*, Berlin: Fröhlich & Kaufmann

Bernau, Nikolaus 2010: „Nehmen wir uns doch die Zeit“, in: *Berliner Zeitung* v. 08.06.2010

Bernhardt, Reinhold & Ernst Fürlinger (eds.) 2015: *Öffentliches Ärgernis? Moscheekonflikte in Deutschland,*

Österreich und der Schweiz (= Beiträge zu einer Theologie der Religionen 12), Zürich: Theologischer Verlag

Bisky, Jens 2015: „Es wippt einfach nicht“, in: Süddeutsche Zeitung v. 01.10.2015: https://www.sueddeutsche.de/stil/einheitsdenkmal-es-wippt-einfach-nicht-1.2670360 [30.10.2020]

Bisky, Jens 2019: *Berlin – Biographie einer großen Stadt*, Berlin: Rowohlt

Bisky, Jens 2020: „Die unmögliche Inschrift“, in: *Süddeutsche Zeitung* v. 22.05.2020 https://www.sueddeutsche.de/kultur/toleranz-die-unmoegliche-inschrift-1.4914829 [30.10.2020]

Böhme, Hartmut & Klaus R. Scherpe (eds.) 1996: *Literatur und Kulturwissenschaften: Positionen, Theorien, Modelle*, Reinbek: Rowohlt

Böhme, Hartmut 1996: „Über vormoderne Naturkonzepte“, in: *Zeitschrift für Semiotik* 18.1 (1996): 19–22

Böhme, Hartmut (ed.) 2005: *Topographien der Literatur. DFG-Symposion 2004: Deutsche Literatur im transnationalen Kontext*, Stuttgart / Weimar: Metzler

Böhme, Hartmut 2009: „Kulturwissenschaft“, in: Günzel (ed.) 2009: 191–207

Bollnow, Otto Friedrich [10]2004 [1963]: *Mensch und Raum*, Stuttgart: Kohlhammer

Breiter, Bastian 2002: „Der Weg des ‚treuen Askari‘ ins Konzentrationslager. Die Lebensgeschichte des Mohamed Husen“, in: Ulrich van der Heyden & Joachim Zeller (eds.) 2002: *Kolonialmetropole Berlin. Eine Spurensuche*, Berlin: Berlin-Edition, 215–220

Brumlik, Micha, Hajo Funke & Lars Rensmann (eds.) 2000: *Umkämpftes Vergessen. Walserdebatte, Holocaustdenkmal und neuere deutsche Geschichtspolitik* (= Schriftenreihe Politik und Kultur am Fachbereich Politische Wissenschaft der Freien Universität Berlin 3), Berlin: Schiler & Mücke

Bundestag 2020: „Moscheen in Deutschland", Sachstand 11.02.2020, Az. WD 10 – 3000 – 083/19: https://www.bundestag.de/resource/blob/691394/c538200a9fda1ab9b1bb8df08b5f17ed/WD-10-083-19-pdf-data.pdf [30.10.2020]

Cassirer, Ernst 2006: „Mythischer, ästhetischer und theoretischer Raum" [1931], in: Dünne & Günzel (eds.) 2006: 485–501

Christmann, Gabriela B. 2004: *Dresdens Glanz, Stolz der Dresdner. Lokale Kommunikation, Stadtkultur und städtische Identität*, Wiesbaden: DUV [Deutscher Universitätsverlag]

Cicourel, Aaron V. 1975: *Sprache der sozialen Interaktion*, München: List

Csáky, Moritz & Christoph Leitgeb (eds.) 2009: *Kommunikation, Gedächtnis, Raum. Kulturwissenschaften nach dem „Spatial Turn"*, Bielefeld: transcript

Czienskowski, Paulina 2016: „Weg frei für die Stadt in der Stadt. Das Flüchtlingsquartier auf dem Tempelhofer Feld ist umstritten. Auch am Tag des Beschlusses", in: *Berliner Morgenpost* v. 29.01.2016: 9

Demnig, Gunter 2020: http://www.stolpersteine.eu [30.10.2020]

Dittmar, Norbert & Brigitte Schlieben-Lange 1982: „Stadtsprache. Forschungsrichtungen und -perspektiven einer vernachlässigten soziolinguistischen Disziplin“, in: Bausch (ed.) 1982: 9–86

Döring, Jörg & Tristan Thielmann (eds.) 2008: *Spatial Turn. Das Raumparadigma in den Kultur- und Sozialwissenschaften*, Bielefeld: transcript

Dobler, Jens: „Die Verfolgung Homosexueller in der NS-Zeit“, in: Neue Gesellschaft für Bildende Kunst (ed.) 2002: 62–65

Dose, Ralf 2005: *Magnus Hirschfeld. Deutscher – Jude – Weltbürger* (= Jüdische Miniaturen 15), Teetz: Hentrich & Hentrich

Droege, Peter 2006: *The Renewable City. Comprehensive guide to an urban revolution*, Chichester: Wiley

Dünne, Jörg & Stephan Günzel (eds.) 2006: *Raumtheorie. Grundlagentexte aus Philosophie und Kulturwissenschaften*, Frankfurt/Main: Suhrkamp

Dürckheim, Karlfried Graf von 2005 [1896]: *Untersuchungen zum gelebten Raum* (= Natur – Raum – Gesellschaft 4), ed. Jürgen Hasse, Frankfurt/Main: Institut für Didaktik der Geographie

Eco, Umberto [9]2002 [[1]1972]: *Einführung in die Semiotik*, Paderborn: UTB

Endlich, Stefanie 2002: „Ein ‚dezentrales Monument‘? Anmerkungen zu einem ungewöhnlichen Denkmalskonzept“, in: Neue Gesellschaft für Bildende Kunst (ed.) 2002: 29–36

Fassbinder, Egmont 2001: „Mein schönes ‚schwules‘ Schöneberg“, in: Muschelknautz & Zwaka (eds.) 2001: 153–160

Fichtner, Ullrich 2020: „Die Großmutter aller Bauskandale. Die Flughafenwerdung von Berlin hat 30 Jahre gedauert“, in: *Der Spiegel* 44 v. 24.10.2020: 54–55

Fielitz, Maik & Holger Marcks 2020: *Digitaler Faschismus. Die sozialen Medien als Motor des Rechtsextremismus*, Berlin: Duden

Fill, Alwin 1993: *Ökolinguistik. Eine Einführung*, Tübingen: Narr

Fill, Alwin (ed.) 1996: „Ökologie der Linguistik – Linguistik der Ökologie", in: id. (ed.) 1996: 3–16

Fill, Alwin (ed.) 1996: *Sprachökologie und Ökolinguistik*, Tübingen: Stauffenburg

Fill, Alwin 1998: „Ecolinguistics – State of the Art 1998", in: *Arbeiten aus Anglistik und Amerikanistik* 23.1: 3–16

Fill, Alwin, Hermine Penz & Wilhelm Trampe (eds.) 2002: *Colourful Green Ideas*, Bern etc.: Lang

Fischer, Joachim & Heike Delitz (eds.) 2009: *Die Architektur der Gesellschaft. Theorien für die Architektursoziologie*, Bielefeld: transkript

Fishman, Joshua 1992: *The Sociology of Language*, Rowley/Mass.: Newbury House; dt.: id. 1975: *Soziologie der Sprache*, München: Hueber

Forschungsprojektschwerpunkt des Schweizerischen Nationalfonds zur ‚Neuen urbanen Qualität' (NFS 65) 2014: http://www.nfp65.ch/de [30.10.2020]

Franke, Uta 2002: „Stolpersteine – eine Idee, Das Projekt und die Vorgeschichte [...] Interview mit Gunter Demnig", in: Neue Gesellschaft für bildende Kunst (ed.) 2002: 9–22

Fürlinger, Ernst 2015: „Moscheebau und Moscheebaukonflikte in Österreich", in: Bernhardt & Fürlinger (eds.) 2015: 59–79

Garz, Detlef & Klaus Kraimer (eds.) 1994: *Die Welt als Text. Theorie, Kritik und Praxis der objektiven Hermeneutik*, Frankfurt/Main: Suhrkamp

Gerhard, Ulrike & Ingo H. Warnke: „From Dreamland to Wasteland? The Discursive Structuring of Cities“, in: Heiko Schmid, John Urry & Wolf-Dietrich Sahr (eds.) 2011: *Cities and Fascination: Beyond the Surplus of Meaning*, Farnham: Ashgate, 129–146

Genske, Dieter & Ernest W.B. Hess-Lüttich 2004: *Wo steht das Kanzleramt? Der Spreebogen: eine raum-zeitliche Spurensuche*, Berlin: Quintessenz Berlin / Edition

Genske, Dieter, Ernest W.B. Hess-Lüttich & Monika Huch (eds.) 2007: *Kartographie des Verhüllten. Brückenschläge zwischen Natur- und Kulturwissenschaften / Cartography of the Disguised. Bridging Science and Humanities* (= Special Issue of Kodikas/Code. An International Journal of Semiotics 30.3–4), Tübingen: Gunter Narr

Genske, Dieter, Thomas Jödecke & Ariane Ruff 2009: *Nutzung städtischer Freiflächen für erneuerbare Energien*, Bonn: Bundesamt für Bauwesen und Raumordnung

Genske, Dieter et. al. 2010: *Energieatlas. Zukunftskonzept Erneuerbares Wilhelmsburg*, ed. IBA Hamburg, Berlin: Jovis

Genske, Dieter D. et al. 2014: *EnergieWerkStadt* (Europäischer Fonds für Regionale Entwicklung – Transnationale Aktivitäten), Nordhausen: HochschulVerlag

Geppert, Dominik 2010: „Symbolische Politik. Berliner Konjunkturen der Erinnerung an die Luftbrücke“, in: Trotnow & von Kostka (eds.) 2010: 137–147

Giordano, Ralph: „Nicht die Moschee, der Islam ist das Problem“, in: Franz Sommerfeld (ed.) 2008: *Der Moscheestreit*, Köln: Kiepenheuer & Witsch, 37–51

Goebel, Benedikt 2003: *Der Umbau Alt-Berlins zum modernen Stadtzentrum. Planungs-, Bau- und Besitzgeschichte des historischen Stadtkerns im 19. und 20. Jahrhundert* (= Schriften des Landesarchivs Berlin 6), Berlin: Verlagshaus Braun

Gorter, Durk (ed.) 2006: *Linguistic Landscape: A new approach to multilingualism*, Clevedon: Multilingual Matters

Günzel, Stephan (ed.) 2007: *Topologie. Zur Raumbeschreibung in den Kultur- und Medienwissenschaften*, Bielefeld: transcript

Günzel, Stephan 2008: „Spatial Turn – topographical turn – topological turn. Über die Unterschiede zwischen Raumparadigmen“, in: Döring & Thielmann (eds.) 2008: 219–237

Günzel, Stephan (ed.) 2009: *Raumwissenschaften*, Frankfurt/Main: Suhrkamp [Einleitung: pp. 7–15]

Günzel, Stephan [3]2020: *Raum. Eine kulturwissenschaftliche Einführung*, Bielefeld: transcript

Gumperz, John J. 1982: *Discourse Strategies*, Cambridge: Cambridge University Press

Gurr, Jens M. et al. 2012: *Urbanität und Urbane Kommunikation*, Ms. Universität Duisburg / Essen [zugesandt von den Mitantragstellern Jens Loenhoff u. H. Walter Schmitz]

Gurr, Jens M. et al. 2012: Arus – *Advanced Research in Urban Systems*https://www.uni-due.de/geisteswissenschaften/forschung/schwerpunkturbanitaet.php [30.10.2020]

Häusler, Alexander (ed.) 2008: *Rechtspopulismus als „Bürgerbewegung". Kampagnen gegen Islam und Moscheebau und kommunale Gegenstrategien*, Wiesbaden: VS [Verlag für Sozialwissenschaften]

Häussermann, Hartmut (ed.) 2000: *Großstadt: Soziologische Stichworte*, Opladen: Leske + Budrich

Haffner, Yvonne 2004: *Sozialwissenschaftliche Modellierung zur Privatisierung der Wasserversorgung* (= Schriftenreihe WAR 156), Darmstadt: Institut WAR der TU-Darmstadt

Halliday, Michael A.K. 1978: *Language as Social Semiotic*, London: Arnold

Haugen, Einar 1972: *The Ecology of Language*, Stanford: Stanford University Press

Hauser, Susanne (ed.) 1996: *Natur, Umwelt, Zeichen* [= *Zeitschrift für Semiotik* 18.1], Tübingen: Stauffenburg

Hennet, Anna-Inés 2005: *Die Berliner Schlossplatzdebatte im Spiegel der Presse*, Berlin: Braun

Hess-Lüttich, Ernest W.B. 1987: *Angewandte Sprachsoziologie*, Stuttgart: Metzler

Hess-Lüttich, Ernest W.B., Jürgen E. Müller & Aart van Zoest (eds.) 1998: *Signs & Space Raum & Zeichen* (= Kodikas/Code Supplement Series 23), Tübingen: Gunter Narr

Hess-Lüttich, Ernest W.B. & Brigitte Schlieben-Lange (eds.) 1998: *Signs & Time Zeit & Zeichen* (= Kodikas/Code Supplement Series 24), Tübingen: Gunter Narr

Hess-Lüttich, Ernest W.B. 1998: „Text Space: Holistic Texts?", in: id., Müller & Zoest (eds.) 1998: 341–351

Hess-Lüttich, Ernest W.B. 2006: „Eco-Semiotics. Umwelt- und Entwicklungskommunikation – zur Einführung", in: id. (ed.) 2006: 11–26

Hess-Lüttich, Ernest W.B. (ed.) 2006: *Eco-Semiotics: Umwelt- und Entwicklungskommunikation*, Basel / Tübingen: Francke 2006

Hess-Lüttich, Ernest W.B. 2007: „Was heisst ‚Nachhaltigkeit' in der politischen Rede? Ein ökolinguistisch-begriffssystematischer Vergleich deutscher und schweizerischer Parteiprogramme", in: Schweizerische Akademie der Sozial- und Geisteswissenschaften (ed.) 2007: *Nachhaltige Entwicklung. Nachhaltigkeitsforschung – Perspektiven der Sozial- und Geisteswissenschaften. Recherche dans le domaine du développement durable – perspectives des sciences sociales et humaines*, red. Paul Burger & Ruth Kaufmann, Bern: SAGW, 305–328

Hess-Lüttich, Ernest W.B., Nilüfer Kuruyazıcı, Seyda Ozil & Mahmut Karakus (eds.) 2010: *Metropolen. Interkulturelle Perspektiven auf ‚die Stadt' als Thema der Sprach- und Literaturwissenschaft*, Frankfurt/Main etc.: Peter Lang

Hess-Lüttich, Ernest W.B. 2011: „Spatial Turn: On the Concept of Space in Cultural Geography and Literary Theory", in: *Lexia. Rivista di semiotica* 9–10 (2011): 23–42 [= Massimo Leone (ed.) 2011: *Ambiente Ambientamento Ambientazione. Environment Habitat Setting*, Roma: Aracne editrice, 23–42]

Hess-Lüttich, Ernest W.B. & Ivan Vlassenko 2012: „Is gay talk a sociolect? Towards a sociosemiotics of queer discourse. Reflecting illness in conversations of gay and HIV-positive men", in: *Kodikas/Code. An International Journal of Semiotics* 35.1–2 (2012): 55–74

Hess-Lüttich, Ernest W.B. 2015: „Zeichen der Stadt. Interkulturelle Sprachlandschaften in urbanen Räumen", in: Corinna Peschel & Kerstin Runschke (eds.)

2015: *Sprachvariation und Sprachreflexion in interkulturellen Kontexten* (= Sprache – Kommunikation – Kultur. Soziolinguistische Beiträge 16), Frankfurt/Main: Peter Lang, 349–373

Hess-Lüttich, Ernest W.B. 2017: „Grenzenlos? Europa und die Migration der Muslime. Zur öffentlichen Islamdebatte im Zeichen der Flüchtlingskrise (am Beispiel der Minarett-Initiative in der Schweiz)“, in: Edina Sándorfi & Lehel Sata (eds.) 2017: *Grenzenlosigkeit. Transkulturalität und kreative Schreibweisen in der deutschsprachigen Literatur* (= Pécser Studien zur Germanistik 8), Wien: Praesens, 33–54

Hess-Lüttich, Ernest W.B. 2020: „Dürfen wir (immer, alles), was wir können? Für eine Diskursethik der Ingenieurwissenschaften“, in: Uta Breuer & Dieter D. Genske (eds.) 2020: *Ethik in den Ingenieurwissenschaften – Eine Annäherung*, Wiesbaden: Springer, 51–77

Hess-Lüttich, Ernest W.B. 2021: „Der Islam gehört (nicht) zu Deutschland? Eine Streitfrage im Islamdiskurs der deutschen Medien“, in: Hans W. Giessen & Heinz-Helmut Lüger (eds.) 2021: *Text-, Diskurs- und Kommunikationsforschung* [Festschrift für Hartmut Lenk], Landau: VEP, 441–456

Hess-Lüttich, Ernest W.B. (ed.) 2021: *Handbuch Gesprächsrhetorik*, Berlin/Boston: de Gruyter

Hiller, Kurt 1922: *§ 175: Die Schmach des Jahrhunderts!*, Hannover: Paul Steegemann

Hoffmann, Gerhard 2001: „Das andere Ufer“, in: Muschelknautz & Zwaka (eds.) 2001: 151–152

Huebner, Thomas 2006: „Bangkok's linguistic landscapes: Environmental print, codemixing and language change“, in: *International Journal of Multilinguism* 3.1 (2006): 30–57

Huret, Jules 1911: *En Allemagne – Berlin*, Paris: Bibliothèque Charpentier

Ivanisin, Marko 2006: *Regionalentwicklung im Spannungsfeld von Nachhaltigkeit und Identität*, Wiesbaden: DUV [Deutscher Universitätsverlag]

Jellonnek, Burkhard & Rüdiger Lautmann (eds.) 2002: *Nationalsozialistischer Terror gegen Homosexuelle. Verdrängt und ungesühnt*, Paderborn: Schöningh

Jessen, Jens 2014: „Soll München stolpern?", in: *Die Zeit* 46 v. 06.11.2014: 2

Kallmeyer, Werner (ed.) 1994: *Kommunikation in der Stadt*, vol. 1, Stuttgart: de Gruyter

Kallmeyer, Werner (ed.) 1995: *Kommunikation in der Stadt*, vol. 2, Stuttgart: de Gruyter

Kieling, Uwe & Johannes Althoff 2001: *Das Nicolaiviertel. Spuren der Geschichte im ältesten Berlin*, Berlin: Quintessenz / Edition Berlin

Klotz, Johannes & Gerd Wiegel (eds.) 1999: *Geistige Brandstiftung? Die Walser-Bubis-Debatte*, Köln: Papyrossa

Köppel, Roger 2009: „Editorial", in: *Die Weltwoche* v. 07.10.2009: 1

Koopmans, Ruud 2017: *Assimilation oder Multikulturalismus? Bedingungen gelungener Integration. Migration*, vol. 4. Berlin / Münster: Lit Verlag

Koopmans, Ruud 2019: „Gehört der real existierende Islam zu Deutschland?", in: Linnemann & Bausback (eds.) 2019: 11–23

Korn, Salomon 2014: „München soll stolpern", in: *Die Zeit* 47 v. 13.11.2014: 4

Krah, Hans 1999: „Räume, Grenzen, Grenzüberschreitung“, in: *Kodikas/Code. An international Journal of Semiotics* 22.1–2 (1999): 3–12

Krefeld, Thomas (ed.) 2008: *Sprachen und Sprechen im städtischen Raum*, Frankfurt/Main: Lang

Kraushaar, Elmar (ed.) 1997: *Hundert Jahre schwul. Eine Revue*, Berlin: Rowohlt

Labov, William 1972: *Language in the Inner City*, Philadelphia: University of Pennsylvania Press

Lagodinsky, Sergey 2015: „Heraus aus der Trauerecke“, in: *Süddeutsche Zeitung* v. 17.08.2015 http://www.sueddeutsche.de/politik/aussenansicht-heraus-aus-der-trauerecke-1.2610372 [30.10.20]

Lakoff, George 1987: *Women, Fire, and Dangerous Things: What Categories Reveal about the Mind*, Chicago: The Chicago University Press

Langowski, Judith 2017: „Stolperstein-Erfinder bestürzt über Diebstahl von Gedenktafeln“, in: *Der Tagesspiegel* v. 08.11.2017 https://www.tagesspiegel.de/berlin/berlin-neukoelln-stolperstein-erfinder-bestuerzt-ueber-diebstahl-von-gedenktafeln/20558202.html [30.10.2020]

Landry, Rodrigue & Richard Y. Bourhis 1997: „Linguistic landscape and ethnolinguistic vitality: An empirical study“, in: *Journal of Language and Social Psychology* 16 (1997): 23–49

Lang, Alfred 1998: „Das Semeion als Baustein und Bindekraft. Zeit aus semiosischen Strukturen und Prozessen“, in: Hess-Lüttich & Schlieben-Lange (eds.) 1998: 73–116

Lautmann, Rüdiger (ed.) 1977: *Seminar: Gesellschaft und Homosexualität*, Frankfurt/Main: Suhrkamp

Leimstoll, Susanne 2008: „Stolpersteine. Ein glänzender Weg“, in: *Der Tagesspiegel* v. 04.09.2008 http://www.tagesspiegel.de/berlin/stolpersteine-ein-glaenzender-weg/1316514.html [30.10.2020]

Linnemann, Carsten & Winfried Bausback 2019: „Vorwort – warum uns der politische Islam umtreiben muss“, in: id. (eds.) 2019: 7–10

Linnemann, Carsten & Winfried Bausback 2019: *Der politische Islam gehört nicht zu Deutschland. Wie wir unsere freie Gesellschaft verteidigen*, Freiburg/Brsg.: Herder

Löffler, Heinrich & Lorenz Hofer (eds.) 2010: *Stadtsprachenforschung*, 2 vols., Hildesheim / Zürich / New York: Olms

Löw, Martina 2001: *Raumsoziologie*, Frankfurt/Main: Suhrkamp

Löw, Martina 2008: *Soziologie der Städte*, Frankfurt/Main: Suhrkamp

Löw, Martina 2018: *Vom Raum aus die Stadt denken: Grundlagen einer raumtheoretischen Stadtsoziologie*, Bielefeld: Transkript

Lossau, Julia 2009: „Räume von Bedeutung. Spatial turn, cultural turn und Kulturgeographie“, in: Csáky & Leitgeb (eds.) 2009: 29–44

Lotman, Jurij M. 1972 [1970]: *Die Struktur literarischer Texte*, München: Fink

Lotman, Jurij M. 1973 [1970]: *Die Struktur des künstlerischen Textes*, Frankfurt/Main: Suhrkamp

Lotman, Jurij M. 1974: *Aufsätze zur Theorie und Methodologie der Literatur und Kultur*, ed. Karl Eimermacher, Kronberg: Scriptor

Luhmann, Niklas [5]2008 [[1]1985]: *Ökologische Kommunikation. Kann die moderne Gesellschaft sich auf ökologische Gefährdungen einstellen?*, Wiesbaden: VS Verlag für Sozialwissenschaften

Maak, Niklas 2020: „Hinter Schloss und modernem Riegel“, in: *Frankfurter Allgemeine Zeitung* 230 v. v. 02.10.2020: B 5

Malinowski, D. 2009: „Authorship in the Linguistic Landscape: A Multimodal-Performative view“, in: Shohamy & Gorter (eds.) 2009: 107–125

Maneo-Report 2016 ff.: file:///Users/ernest/Downloads/MANEO-Report_2016-1.pdf [30.10.2020]

Mansour, Ahmad 2019: *Klartext zur Integration. Gegen falsche Toleranz und Panikmache*, Frankfurt/M.: Fischer

Matthiesen, Ulf 2008: „Eigenlogiken städtischer Wissenslandschaften. Zu Koevolutionsdynamik von Stadt- und Wissensentwicklung in urbanen Knowledge Scapes“, in: Berking & Löw (eds.) 2008: 95–152

Michaelis-Merzbach, Petra 2014: *Amtliche Information zum Volksentscheid über den Erhalt des Tempelhofer Feldes v. 25. Mai 2014*, Berlin: Amt für Statistik Berlin-Brandenburg

Milroy, Lesley 1980: *Language and Social Networks*, Oxford: Blackwell

Möllers, Christoph 2017: „Was heißt Ehe für alle? Die juristische Debatte geht jetzt erst los“, in: *Die Zeit* 28 v. 06.07.2017 https://www.zeit.de/2017/28/gleichgeschlechtliche-ehe-grundgesetz-verfassung [30.10.2020]

Moreck, Curt 1931: *Führer durch das ‚lasterhafte‘ Berlin*, Leipzig: Nicolaische Verlagsbuchhandlung

Müller, Herta 2015: „Putin hört nicht auf", Interview mit der *Welt* v. 05.03.2015 u. Bericht Deutsche Welle: https://www.dw.com/de/herta-m%C3%BCllerputin-h%C3%B6rt-nicht-auf/a-18295306 [30.10.2020]

Münker, Stefan 2009: *Philosophie nach dem ‚Medial Turn'. Beiträge zur Theorie der Mediengesellschaft*, Bielefeld: transcript [Einleitung pp. 7–29]

Muschelknautz, Johanna & Petra Zwaka [für Schöneberg Museum] (eds.) 2001: *Berlin-Schöneberg. Blicke ins Quartier 1949–2000*, Berlin: Jaron

Nerdinger, Winfried & Sophie Wolfrum (eds.) 2009: *Multiple City. Stadtkonzepte 1908 / 2008. Ausstellung in der Pinakothek der Moderne München 12. November 2008 – 12. Februar 2009*, Berlin: Jovis

Neue Gesellschaft für Bildende Kunst (ed.) 2002: *Stolpersteine für die von den Nazis ermordeten ehemaligen Nachbarn aus Friedrichshain und Kreuzberg. Dokumentation, Texte und Materialien*, Berlin: NGBK

Nöth, Winfried 1994: „Der Text als Raum", in: Dieter W. Halwachs et al. (eds.) 1994: *Sprache, Onomatopöie, Rhetorik, Namen, Idiomatik, Grammatik. Festschrift für Karl Sornig*, Graz: Universität Graz, 163–174

Nöth, Winfried 1996: „Ökosemiotik", in: *Zeitschrift für Semiotik* 18.1 [= Hauser (ed.) 1996]: 7–18

NS-Dokumentationszentrum der Stadt Köln (ed.) 2007: *Stolpersteine. Gunter Demnig und sein Projekt*, Köln: Emons

Paddison, Ronan (ed.) 2001: *Handbook of Urban Studies*, London etc.: Sage

Piatti, Barbara 2008: *Die Geographie der Literatur. Schauplätze, Handlungsräume, Raumphantasien*, Göttingen: Wallstein

Pretzel, Andreas & Gabriele Roßbach 2000: *Wegen der zu erwartenden hohen Strafe ... Homosexuellenverfolgung in Berlin 1933–1945* (ed. Kulturring in Berlin), Berlin: Rosa Winkel

Pretzel, Andreas 2012: *Vom Dorian Gray zum Eldorado. Historische Orte und schillernde Persönlichkeiten im Schöneberger Regenbogenkiez* (= Maneo Kiezgeschichte 1), Berlin: Maneo Selbstverlag

Raichle, Christoph 2010: „Symbolische Macht durch Architektur", in: Tilman Harlander & Wolfgang Pyta (eds.) ²2012: *NS-Architektur: Macht und Symbolpolitik*, Berlin: Lit Verlag, 21–36

Reichhardt, Hans J. & Wolfgang Schäche ¹¹2008: *Von Berlin nach Germania. Über die Zerstörungen der ‚Reichshauptstadt' durch Albert Speers Neugestaltungsplanungen*, Berlin: Transit

Reinhardt, Nila 2009: „Gunter Demnig erhält Preis für ‚Stolperstein-Projekt'. Verbeugung vor den Opfern", www.wdr.de/kultur v. 26.04.2009 http://www.wdr.de/themen/kultur/bildende _kunst/demnig_gunter/090426.html [16.03.2016]

Ribbe, Wolfgang (ed.) 2005: *Schloss und Schlossbezirk in der Mitte Berlin. Das Zentrum der Stadt als politischer und gesellschaftlicher Ort*, Berlin: Berliner Wissenschaftsverlag (BWV)

Schaper, Rüdiger 2016: „Theater in Tempelhof. Die Volksbühne will den Flughafen bespielen", in: *Der Tagesspiegel* 22 654 v. 29.01.2016: 22

Schareika, Nora 2015/2020: „Wer spricht für die Muslime in Deutschland?", in: ntv v. 13. 01. 2015 http://www.n-tv.de/politik/Wer-spricht-fuer-die-Muslime-in-Deutschland-article14309876.html [30.10.2020]

Scheffler, Karl [1910] 2015: *Berlin – Ein Stadtschicksal*, ed. Florian Illies, Berlin: Suhrkamp

Schiewer, Gesine L. 2013: „Discourse and the City. Diskursanalytische Implikationen sozialer Innovationsparadigmen am Beispiel des Urbanismus“, in: Ingo H. Warnke, Ulrike Meinhof & Martin Reisigl 2013: *Diskurslinguistik im Spannungsfeld von Deskription und Kritik*, Berlin/New York: Akademie, 203–219

Schiewer, Gesine L. 2021: „Urbane Kommunikation“, in: Hess-Lüttich (ed.) 2021: 645–666

Schirrmacher, Frank (ed.) 1999: *Die Walser-Bubis-Debatte*, Frankfurt/Main: Suhrkamp

Schlusche, Günter 2006: „Tendenzen in Kunst und Architektur der Erinnerung an Verbrechen des Nationalsozialismus“, in: id. et al. (eds.) 2006: *Architektur der Erinnerung. NS-Verbrechen in der europäischen Gedenkkultur*, Berlin: Nicolaische Verlagsbuchhandlung, 118–124

Schmauks, Dagmar 2002: *Orientierung im Raum. Zeichen für die Fortbewegung*, Tübingen: Stauffenburg

Schmid, Harald 2009: „Immer wieder ‚Nie wieder!‘ Begründungsprobleme, Mythen und Perspektiven der deutschen Erinnerungskultur“, in: *Dachauer Hefte* 25 (2009): 17–35

Schmid, Harald 2010: „Gedächtnis im Umbruch. Kontinuität und Neuorientierung in der deutschen Erinnerungskultur. Vortrag im Rahmen der Veranstaltung ‚Werkstatt Erinnerung. Brauchen wir eine neue Erinnerungskultur in der Einwanderergesellschaft?‘ “, Bremen: Torhaus-Nord am 20. Mai 2010

Schmitt, Thomas 2003: *Moscheen in Deutschland. Konflikte um ihre Errichtung und Nutzung*, Flensburg: Deutsche Akademie für Landeskunde

Schmitz, Ulrich 2018 a: „Im Raume lesen wir die Macht. Zur semiotischen Architektur von Text-Bild-Diskursen im öffentlichen Raum des Ruhrgebiets", in: Sascha Michel & Steffen Pappert (eds.) 2018: *Kommunikationsformen und Textsorten im öffentlichen Raum zwischen Tradition und Innovation* (= Perspektiven Germanistischer Linguistik 13), Stuttgart: ibidem: 133–158

Schmitz, Ulrich 2018 b: „Zeichen lesen im öffentlichen Raum der Großstadt", in: Claus Ehrhardt & Heiko Marten (eds.) 2018: *Linguistic Landscapes* (= Der Deutschunterricht 70.4): 25–36

Schönball, Ralf 2016: „Kicken im Flüchtlingsdorf. Tempelhof wächst zum größten Flüchtlingslager Deutschlands heran", in: *Der Tagesspiegel* 22 654 v. 29.01.2016: 8

Schreiber, Constantin 2017: *Inside Islam. Was in Deutschlands Moscheen gepredigt wird*, Berlin: Econ Ullstein

Schrenk, Manfred et al. (eds.) 2013: *Planning Times* (= Proceedings of 18th International Conference on Urban Planning, Regional Development and Information Society), Schwechat: Corp [Competence Center of Urban and Regional Planning]

Schütz, Alfred 1971: *Das Problem der Relevanz*, Frankfurt/Main: Suhrkamp

Schütz, Alfred [1932] ^{3}1974: *Der sinnhafte Aufbau der sozialen Welt. Eine Einleitung in die verstehende Soziologie*, Frankfurt/Main: Suhrkamp

Schug, Alexander (ed.) 2007: *Palast der Republik. Politischer Diskurs und private Erinnerung*, Berlin: Berliner Wissenschaftsverlag (BWV)

Schulz, Bernhard 2020: „Der Streit um die Kuppel des Berliner Stadtschloss [sic] – eine Chronik“, in: *Der Tagesspiegel* v. 04.06.2020: https://www.tagesspiegel.de/kultur/humboldt-forum-bekommt-kreuz-der-streit-um-die-kuppel-des-berliner-stadtschloss-eine-chronik/25858830.html [Abruf: 30.10.2020]

Schwarz-Friesel, Monika 2019: *Judenhass im Internet. Antisemitismus als kulturelle Konstante und kollektives Gefühl*, Leipzig: Hentrich & Hentrich

Scollon, Ron & Scollon, Suzanne Wong 2003: *Discourses in Place: Language in the Material World*, London: Routledge

Seidel, Alexander 2012: *Demokratische Funktionalität öffentlicher Räume. Auswirkungen von Raumproduktion, Normierung und Exklusion auf das ‚demokratische Potential' öffentlicher Räume an ausgewählten Beispielen in Berlin* (= Berliner Geographische Blätter 4, ed. Hermann Kreutzmann), Berlin: Institut für Geographische Wissenschaften der FU Berlin

Seibt, Gustav 2010: „Volksbuchpalast“, in: *Süddeutsche Zeitung* v. 29.06.2010

Serup-Bilfeldt, Kirsten 2003: *Stolpersteine*, Köln: Kiepenheuer & Witsch

Shohamy, Elana & Durk Gorter (eds.) 2009: *Linguistic Landscapes. Expanding the Scenery*, London: Routledge

Siefkes, Martin 2013: „Wie wir den Zusammenhang von Texten, Denken und Gesellschaft verstehen. Ein semiotisches 4-Ebenen-Modell der Diskursanalyse", in: *Zeitschrift für Semiotik* 35.3–5 (2013): 353–391

Sommerfeld, Franz (ed.) 2008: *Der Moscheestreit*, Köln: Kiepenheuer & Witsch

Spitzmüller, Jürgen & Ingo H. Warnke 2011: *Diskurslinguistik. Eine Einführung in Theorien und Methoden der transtextuellen Sprachanalyse*, Berlin / Boston: de Gruyter.

Spolsky, Bernard & Robert L. Cooper 1991: *The languages of Jerusalem*, Oxford: Oxford University Press

Stewart, Penny & Richard Fawcett 2004: „Shop signs in some small towns in northern Portugal", in: *English Today* 20.1: 56–58

Stienen, Angela (ed.) 2006: *Integrationsmaschine Stadt? Interkulturelle Beziehungsdynamiken am Beispiel von Bern*, Bern etc.: Haupt

Stockhammer, Robert (ed.) 2005: *TopoGraphien der Moderne. Medien zur Repräsentation und Konstruktion von Räumen*, München: Wilhelm Fink

Stolpersteine. Gunter Demnig und sein Projekt. Gunter Demnig and his project, ed. NS-Dokumentationszentrum der Stadt Köln, Köln: Emons

Sulzer, Jürg, Martina Desax & Leitungsgruppe NFP 65 (eds.) 2015: *Stadtwerdung der Agglomeration. Die Suche nach einer neuen urbanen Qualität*, Zürich: Scheidegger & Spiess

Tanner, Mathias, Felix Müller, Frank Mathwig & Wolfgang Lienemann (eds.) 2009: *Streit um das Minarett. Zusammenleben in der religiös pluralistischen Gesellschaft*, Zürich: Theologischer Verlag

Trampe, Wilhelm 1990: *Ökologische Linguistik. Grundlagen einer ökologischen Wissenschafts- und Sprachtheorie*, Opladen: Westdeutscher Verlag

Trampe, Wilhelm 1996: „Ökosysteme und Sprache-Welt-Systeme“, in: Fill (ed.) 1996: 59–75

Trampe, Wilhelm 2000 a: „Von der Ökologie der Sprache zu einer Ökologie der Zeichen“, in: Bernhard Kettemann & Hermine Penz (eds.) 2000: *ECOnstructing Language, Nature, and Society*, Tübingen: Stauffenburg, 85–104

Trampe, Wilhelm 2000 b: „Auf dem Weg zu einer Informationsökologie“, in: *Zeitschrift für Kommunikationsökologie* 4.2 (2000): 41–48

Trotnow, Helmut & Bernd von Kostka (eds.) 2010: *Die Berliner Luftbrücke. Ereignis und Erinnerung*, Berlin: Frank & Timme

Trunz, Helmut 2008: *Tempelhof. Der Flughafen im Herzen Berlins*, München: GeraMond

Uexküll, Thure von 1998: „Jakob von Uexkülls Umweltlehre“, in: Roland Posner, Klaus Robering & Thomas A. Sebeok (eds.) 1998: *Semiotik Semiotics. Ein Handbuch zu den zeichentheoretischen Grundlagen von Natur und Kultur / A Handbook on the Sign-Theoretic Foundations of Nature and Culture*, vol. 2 (= HSK 13.2), Berlin / New York: de Gruyter, 2183–2191

Ungeheuer, Gerold 1987: *Kommunikationstheoretische Schriften I: Sprechen, Mitteilen, Verstehen*, ed. Johann G. Juchem, Aachen: Rader

Ungeheuer, Gerold 1990/2020: *Kommunikationstheoretische Schriften II: Symbolische Erkenntnis und Kommunikation*, ed. H. Walter Schmitz, Aachen: Rader; 2. völlig neu eingerichtete Auflage, mit einem editorischen

Nachwort von Karin Kolb-Albers, hrsg. v. H. Walter Schmitz, Münster: Nodus Publikationen

Wagner, Joachim 2018: *Die Macht der Moschee. Der Islam und die Integration*, Freiburg/Brsg.: Herder

Walser, Martin 1998: „Erfahrungen beim Verfassen einer Sonntagsrede", in: *Friedenspreis des Deutschen Buchhandels, Sonderdruck ed. Börsenverein des deutschen Buchhandels*, Frankfurt/Main: Börsenverein des deutschen Buchhandels, 9–14

Warnke, Ingo H. 2011: „Die Stadt als Kommunikationsraum und linguistische Landschaft", in: Wilhelm Hofmann (ed.) 2011: *Die Stadt als Erfahrungsraum der Politik. Beiträge zur kulturellen Konstruktion urbaner Politik*, Münster: Lit Verlag, 343–363

Warnke, Ingo H. & Jürgen Spitzmüller (eds.) 2008: *Methoden der Diskurslinguistik. Sprachwissenschaftliche Zugänge zur transtextuellen Ebene*, Berlin / New York: de Gruyter

Wehrli-Schindler, Brigit & Leitungsgruppe NFP 65 (eds.) 2015: *Urbane Qualität für Stadt und Umland. Ein Wegweiser zur nachhaltigen Raumentwicklung*, Zürich: Scheidegger & Spiess

Wenz, Karin 1997: *Raum, Raumsprache und Sprachräume. Zur Textsemiotik der Raumbeschreibung* (= Kodikas/ Code Supplement Series 22), Tübingen: Gunter Narr

Wenz, Karin 2009: „Linguistik/Semiotik", in: Güntzel (ed.) 2009: 208–224

Young, James E. (ed.) 1994: *Mahnmale des Holocaust. Motive, Rituale und Stätten des Gedenkens*, München: Prestel

Ziegler, Evelyn, Heinz Eickmans, Ulrich Schmitz, Haci-Halil Uslucan, David H.Gehne, Sebastian Kurtenbach, Tirza Mühlan-Meyer, Irmi Wachendorff 2018: *Metropolenzeichen: Atlas zur visuellen Mehrsprachigkeit der Metropole Ruhr*, Duisburg: UVRR [Universitätsverlag Rhein-Ruhr]

Zylka, Regine 2010: „Kein Herz für Barockfassaden", in: *Berliner Zeitung* v. 01.06.2010